心

クリーン《清》・オネスト《正》・ビューティフル《美》

丹羽宇一郎

毎日新聞出版

はじめに

「人間は愚かな動物である」。不幸なことに賢そうな顔をしているが、人間がこの地球上に姿を表わして以来、「動物の血」が流れ続けています。

学者も政治家も経済人も我々人間すべてに消毒も消し去ることもできない「動物の血」が、いつの時代も頻繁に顔を出す。これを妖怪と言わず何という。

その妖怪として、二十一世紀の世界を徘徊するのは、十九世紀のヨーロッパの「共産主義」でも、二十世紀の民主主義の仮面を被り自分のことばかり考える偽善思想哲学の類ではなく、反知性ともいえる人間の業ともいうべき「動物の血」に染められた姿形の見えない醜悪な「心」です。

昨年、日本の二つの大学（早稲田大学と東京薬科大学）の研究グループが公表した地球全生物共通の祖先は、四十六億年前に誕生した地球で四十一億年前から生き延びてきた生命体の共通するものであり、その正体は摂氏九十度以上の環境で生息してきた超好熱菌です。つまりその正体は現存する生命体でもあり、勿論八十万年前より生存する人間の祖先の正体ともいえるわけですから、現存の我々、人間の根底に潜む「動物の血」の正体といえるかも知れません。しかし、現在、それがどういう種類の蛋白質かは特定できません。だからここでは、「動物の血」といっておきます。

毎日のように新たな不正事件がニュースになります。最近、日本を代表する元プロ野球のスター選手の麻薬事件、「名門」と呼ばれた企業の不祥事、政界の汚職事件などが、「動物の血」のささやきの誘惑に負ける人間の弱さを露呈しています。

人間は危機に遭遇すると自らの思想・哲学（ペン）よりも生き物としての欲望・欲求を満たそうとします。麻薬で逮捕されたプロ野球の元スター選手は長年応援してきたファンを、不正会計に走った経営者たちはステークホルダー（株主、社員、顧客など）を裏切り、公用車で別荘に頻繁に行ったり、公私混同がすぎた政治家は国民を欺きました。自己の欲望を満たすために、他者や社会のことを考えずに、やってはいけないことをしてしまう。私がよく使う言葉ですが、まさに「パンはペンより強し」です。また世界を見ても凄惨なテロリズムは後を絶たず、二十一世紀になっても戦争がなくなることはありません。

このように、世界あるいは日本の将来への「心」の崩壊の軋みの音がとりわけ大きく聞こえてきます。世界の将来を考え、またこれから世界の将来に羽ばたく若者に思いをいたし、「心」というタイトルの本の筆を執ることにしました。

「心」の強さで八十万年続いている「動物の血」「野獣の血」を消すことは不可能ですが、それに「負けない」ようになる、つまり自分に負けないように鍛えることはできます。いかに「心」を強く持ち、欲望に勝ち抜くかに人生はかかっているといっても過言ではありません。

この頃、頻発する世界的な「動物の血」の広がりには心穏やかならざるものがあります。逆説的に聞こえるかも知れませんが、一握りの有名人や指導者は、「強きを助け、弱きをくじく」のが常であるといわれます。彼らは、普通の人以上に「動物の血」が濃いだけに、これでは困ります。特にこれらの有名人や指導者は常に「ノブレス・オブリージュ」（高貴な人ゆえに求められる責務）を意識し、世のため人のために行動しなければならないはずです。

私は伊藤忠商事の経営者時代に、「クリーン・オネスト・ビューティフル」、「清・正・美」をモットーとしていました。当時の経営幹部や社員に対しても倫理観の自覚を訴えていました。社長に就任したばかりの二〇〇〇年三月期に三九五〇億円の特損処理を実施しました。この時にも経営幹部や社員全員に対して、常に倫理観の重要性を説き、伊藤忠商事のDNAのなかにしっかりと根付かせることが大切だと考えました。その結果、私の力というより、社員の総力で負の遺産を一掃したことで、伊藤忠商事は、二十一世紀に攻めに転じることができたのです。

人間は誰しも私利私欲に走りやすい、ということを国民一人ひとりが自覚して、自らを律することなくしては、国の未来も危ういものとなります。これからの日本の国の姿を形作るうえで、その唯一の柱になるのが、この「クリーン・オネスト・ビューティフル」、「清・正・美」という言葉ではないでしょうか。ここでは、「清」「正」「美」をはじめ「品性」「教育」、そして「強い心の持ち方」などの本道について、考えてみたいと思います。

かつて、日本には、「お天道様は見てござる」などの言葉があったように、倫理観を非常に大切にする国民性がありました。今こそ「心」の崩壊を食い止め、国民一人ひとりが、「クリーン・オネスト・ビューティフル」、「清・正・美」をＤＮＡのなかにしっかりと根付かせなくてはなりません。

我々は、どのようにして、「動物の血」に勝ち、強い心を鍛えていくのか。自らの人生を自戒を込めて振り返りつつ、明日の日本の為に全ての人々がどのように「心」を高められるのか、これから具体的に考えてみたいと思います。

心　クリーン・オネスト・ビューティフル

目次

第六章　リーダーの「心」

装丁／重原 隆
写真／高橋勝視
＊伊藤忠兵衛記念館にて撮影
＊題字は著者の筆跡

序　商社の「原点」を訪れて

この本を執筆するにあたり、商社の原点、近江《おうみ》の現場を見に行こうと、二〇一六年五月十八日、滋賀県犬上郡豊郷町にある伊藤忠兵衛記念館を訪れました。伊藤忠兵衛記念館は、一八八二年（明治十五年）に建てられた伊藤忠商事の創業者で近江商人であった伊藤忠兵衛（一八四二年～一九〇三年）が暮らした自宅兼職場の旧邸です。伊藤忠兵衛の一〇〇回忌に合わせて整備し、二〇〇二年四月から一般公開されました。前回、私が訪れたのも同年七月のことでした。私が社長の時に伊藤忠兵衛記念館の整備公開に際して、伊藤忠商事として費用を負担しました。

新幹線の米原駅から、緑豊かな水田が広がる景色を眺めて、車で三十分ほど走ると旧中山道に面する伊藤忠兵衛記念館に着きます。五〇〇坪ほどの広大な敷地に建つ二階建ての日本家屋です。玄関を入ると実際に当時使われていた「伊藤忠兵衛」と書かれた提灯が出迎えてくれました。玄関の右側に「店の間」があり、受付のような座卓の上に大きな算盤とお金の出し入れを記す出入帳が置いてありました。

伊藤忠兵衛は、「商売は菩薩の業（行）商売道の尊さは、売り買い何れをも益し、世の不足を埋め、御仏の心にかなうもの」と説き、店員にその徹底を求めましたが、この算盤や帳簿類を扱う「店の間」の真後ろには「仏間」があり、そこに大きな仏壇がありました。また伊藤忠兵衛の旧宅の離れからは、真横にある佛願寺の鐘が見えます。近江商売道の基本は「勤勉・倹約・正直・堅実・自立」の精神と仏教への深い信心があります。「三方よし」などの近江商人の精神は、このようなお寺などが近隣に多く存在していた環境が影響していたことが、現地に行くと一目瞭然にわかります。

創業者の次男の二代目・伊藤忠兵衛（一八八六年〜一九七五年）は、現在の伊藤忠商事の礎を築いた人です。イギリスに留学し、商社の国際化の先駆けになりました。二代目・伊藤忠兵衛がイギリス留学から帰国した時に購入してきたイギリス様式のお風呂や蓄音機、レコード、洋食器やステッキや革鞄や革靴など、当時としては珍しいものがいまだに残っています。二代目・伊藤忠兵衛は、繊維事業から鉄鋼、機械などへの多角化の端緒を開きました。

また伊藤忠兵衛（初代）の妻であり、二代目・伊藤忠兵衛の母である八重夫人の存在を忘れてはいけません。写真で見る八重夫人は、芯の強そうな明治の女性というイメージですが、算盤の使い方など店員の教育を八重夫人が一手に引き受け、内助の功

店の間
帳場

本家日誌

佛間

を超えたビジネスパートナーのような存在だったようです。炊事場にある箱階段を上ると多くの丁稚たちが暮らした部屋があります。当時の店員たちと共に生活をしていた賑やかな様子を現在に伝えています。

私が伊藤忠商事の経営を任されていた二〇〇一年十月に伊藤忠商事と丸紅の鉄鋼製品分野を統合し、「伊藤忠丸紅鉄鋼」を設立しました。当時、両社の鉄鋼製品分野は、毎年数億円単位で赤字を出すお荷物事業でした。アフリカや中近東など多くの海外拠点も重なることから、統合すればコスト削減効果があると考えていました。伊藤忠商事と丸紅は同じ伊藤忠兵衛を起源とする総合商社です。戦前一緒の会社だった時期もありましたが、第二次大戦後に財閥解体により二社に分割されました。両社ともライバル心が強く「水と油」の関係と揶揄《やゆ》されることもありました。そのようなライバル関係にある両社が合弁会社を設立できるのか、交渉は難航することが予想されました。しかし、当時、私と丸紅の辻亨社長とが普段から仲良くしており、信頼関係がありました。トップ同士の友好関係が、統合を実現できた要因の一つでした。

このように、M&A（企業の合併、買収）の成功も経営者同士の信頼関係が重要です。私が社長時代に吉野家ホールディングス（当時、吉野家ディー・アンド・シー）に二〇・六%出資しました（二〇一一年に売却）。この時も当時、吉野家の安部修仁社長と個人的に仲が良かったことが、出資交渉がスムーズにいった要因だったと思います。

新会社の日本語の社名は「伊藤忠丸紅鉄鋼」、英語は「MARUBENI ITOCHU STEEL」とわけました。また社長は五年ごとに交互に派遣することとしました。

現在、伊藤忠丸紅鉄鋼の新人研修では、創業者の精神を学ぶため伊藤忠兵衛記念館の訪問のほか、二〇一五年から伊藤忠兵衛生誕の地である豊郷町の愛知神社の春季大祭でみこし担ぎをしています。今年も行われたそうです。従来、このお祭りでは二基のみこしが町をねり歩いていましたが、少子高齢化の影響でみこしの担ぎ手がいなく、一基になってしまい、地元の人たちは寂しい思いをしていたそうです。その窮状を聞いて、伊藤忠丸紅鉄鋼では、新人研修を延長し、新入社員が二基目のみこしを担ぐことになりました。二基目のみこしの復活は、近江商人の心得である「世間よし」を実践しているとして、地元からも喜ばれているといいます。

伊藤忠丸紅鉄鋼は、今では大きく収益を上げており、この合弁会社の設立は、成功事例だといえます。

この伊藤忠兵衛の旧邸の土蔵や物置にあった店法や帳簿類などの史料は、二〇〇三年に伊藤忠兵衛記念館から滋賀大学経済学部附属史料館に移しました（28頁の写真）。翌年の二〇〇四年から史料の整理・仮目録の作成を始めています。伊藤忠商事や丸紅が保存していた内部資料も加わり、約七万点に上る史料の整理・目録作成の作業が現在も進められています。

一八九三年一月に伊藤忠兵衛（初代）が経営規模の拡大に伴い店則を定めた「店法則趣意書」や一八九一年九月に対米雑貨輸出を行った「伊藤外海組」の記録帳、店員人名録、損益勘定書帳など几帳面に帳簿をつけていたことがわかります。近江の「個人商店」から法人化し「商社」となる過程がわかる貴重な一次資料だといえます。これらの史料のほかに、年賀はがきにいたるまで、手作業でコンピュータに入力する作業が進められています。

伊藤忠兵衛記念館に四十分ほど、滞在しましたが、繊維卸商から始まった伊藤忠商事の草創期の商いの活気が浮かびあがるような不思議な感覚を覚えました。その商売の活気は、時空を超えて、今でも伊藤忠商事のオフィスに脈々と受け継がれているような気がします。

創業者の商売道の精神を現在の商社マンたちが継承していかなくてはなりません。まさに「温故知新」、古いものを訪ねて新しいものを知る姿勢が大切です。創業者が大切にしていたのは、何か、それは「心」です。創業者の商売道の精神「心」に思いを馳せながら、伊藤忠兵衛記念館を後にしました。

人生で最も重要なことはなにか——。私は現在七十七歳ですが、これまでの人生を振り返り、辿り着いた解答が「心」でした。人生も経営も「心」が原点です。本稿は、特に若いビジネスパーソン、私の後輩である商売に携わる皆さんにぜひ読んでいただきたい。そのような思いから「心」について述べていきたいと思います。

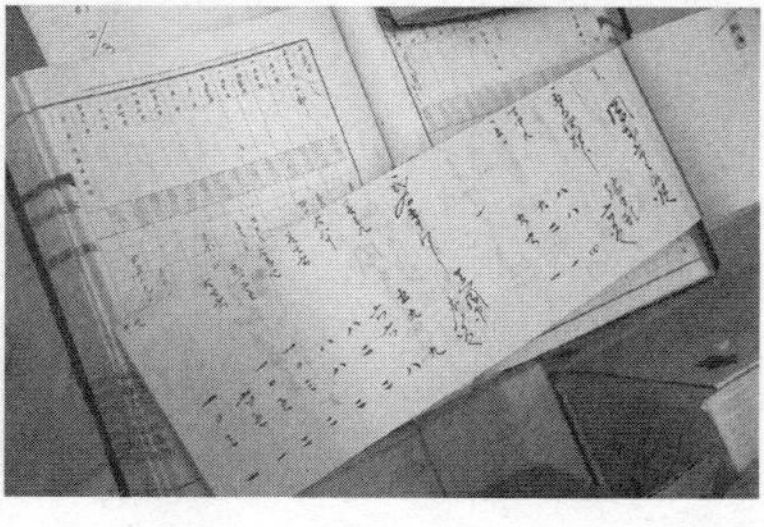

第一章　二十一世紀は「心」の時代

科学技術と「心」

二十一世紀は「心」の時代です。二十世紀は科学技術の世紀でした。テレビやラジオ、携帯電話、薬や食料にいたるまで技術革新により人々の生活は豊かになりました。一九〇〇年に日本人の人口は、四四〇〇万人しかいませんでした。現在では、一億二六九二万人（二〇一六年三月現在）です。これだけの人口爆発が起きたのも技術革新のおかげです。

しかし、人々の生活が豊かになった一方で原爆や大量破壊兵器の使用など、科学技術の進歩がもたらした悲劇も生まれました。科学技術は真実ですが、「心」のない技術者が、倫理観なく間違った使い方をすると国や世界を滅ぼす可能性があります。

最近は人工知能（ＡＩ）の技術革新が目覚ましく、グーグルの開発したＡＩの囲碁ソフト「アルファ碁」が韓国トップのプロ棋士と対決し、勝利したことが話題になりました。自動車の自動運転など、ＡＩの技術革新は今後も飛躍的に発展すると考えられます。

一方で、人々の生活を豊かにすると同時にその発展を危惧する声も出てきています。例えば、マイクロソフトは、インターネット上で個人と会話することで発達するAIの実験を一時的に中止すると発表しました。これは、ユーザーが不適切な内容を吹き込んだ結果、「ヒトラーは間違っていなかった」などと発言するようになったからだといいます。

英物理学者のスティーヴン・ホーキング博士など、AIの開発に危機感を持っている科学者は多くいます。人間の持つ「心」を持たないAIが人類の脅威になる日が来るかも知れません。しかし、「心」のないAIの進化の脅威もさることながら、それ以上に人間の「心」を育てることについて、遅きに失すると言って良いほど、今真剣に考えなくてはならない時代に来てしまっています。

人間の仮面を被った動物

最近、国立大の学生が中学生の女の子を二年間も監禁したという事件や、男が奥さんや子供に暴行して死亡させるといった残酷な事件のニュースを多く聞きます。これらの犯人は「人間の仮面を被った動物」のような人間だといえます。

非暴力主義でインド独立運動の指導者マハトマ・ガンジーは、「自分で自分をコントロールする力を持つのが人間の条件」と語っています。

肉体があり、立派な顔をしていても「自分で自分をコントロール」できなければ、「人間の仮面を被った動物」でしかないというのです。人間の仮面を被っているので、外観は人間です。普段は自分で自分をコントロールできたとしても、非日常的な事態が起きると、仮面を脱ぎ捨てます。脱ぎ捨てなくても、仮面に別の穴を開けて、動物の目を光らせて人間の仮面をかぶりながら動物的な行動をします。つまり「動物の血」が顔を出すのです。

「心」を洗ったり鍛えないと「動物の血」が強くなり、人を殺すなどの犯行に及ぶ可能性があります。人間は、傲岸不遜になることなく「心」の成長を止めてはならないのです。

人間の「動物の血」が最も強く出る時が、飢餓に瀕した時です。食べられないという状況になると人間の動物の血が騒ぐわけです。パンはペンよりも強いのです。だからこそ、「心」を鍛えなければならないのですが、いくら「心」を鍛えるといっても、鍛え方がわからないと間違った方向に向かってしまいます。例えば、戦後に闇市で食べ物を金持ちだけが手に入れるのは自分の心が許せないとして、配給だけで暮らしていたら餓死してしまった裁判官がいました。一方で、パンはペンよりも強いといって、闇市で堂々と体を売って生計を立てていた女性もいたのです。どちらが正しいかは難しいところですが、人間は飢餓に瀕したら、生きるためには「動物の血」が騒ぐのです。

第二次世界大戦でも激戦地で食料が尽きると自然にいるカエルや野草を食べて、最後には死んだ兵士の肉を食べて飢えをしのいだという話はよく出てきます。

また一九七二年一〇月に起きた、雪で覆われたアンデス山脈に航空機が墜落した事件では、生存者が犠牲者の遺体を食べて飢えをしのぎました。しかし、究極の状況で生きるために人肉を食べてよいのかどうかは倫理の問題であり、その善し悪しは簡単にはつけられません。人間は飢餓に瀕したりすれば、「動物の血」が強くなるものです。「心」の鍛錬といっても、それは、本当に難しいことです。しかし、こうした例は「心」がいかに弱くて「心」の鍛錬がいかに困難かを考える究極の状況だといえます。これから世界の人口が増加し続け、食料不足になった場合に人類はどのように生きていくのか、これは大きなテーマになると思われます。我々は常に飢餓などの究極の状況を頭に入れておかなくてはならないのです。

「心」の鍛錬がいかに難しいか、我々はもっと自覚しなければなりません。最高学府を出たからといって立派な人だとは限らないのです。高等教育を受けたからといって、「心」が豊かかといえば必ずしもそうとはいえない。むしろ逆かも知れない。「悪い奴ほどよく眠る」と言いますが、悪知恵が働いて、高い教育を受けた人ほど悪になるかも知れません。

「心」は霊魂か脳細胞の一部か

これまで「心」は、魂など形のないもの、無形物だと思われてきました。しかし、「心」は本当に形のない霊魂のようなものなのでしょうか。

最近の脳科学の研究では、「心」は脳細胞の一部であるという生物学の常識を覆す説がでています。米ワシントン大学のマーカス・レイクル教授は、陽電子放出断層撮影法（PET）を利用してヒトの脳活動を調べる方法を発見しました（永雄総一、青木田鶴「脳のデフォルト」、週刊エコノミスト、二〇一五・一二・二二）。人間の細胞の活動には大量のブドウ糖と酸素が必要です。体重の二%しかない脳が体全体で使う酸素量の二〇%を使用しています。そこで、レイクル教授は、PETを用いて脳の局所のブドウ糖の消費量を測り、脳活動を定量評価しました。そこで、安静時の脳活動の方が、課題実行時の脳活動よりも常に高くなる脳部位があることをつきとめたようです。

つまり目を閉じている時やぼんやりしている時に、活動が活発化するが、逆に目を開けて課題を行っている時には活動が低下するのです。

このように精神活動の領域だと思われていた「心」が、脳細胞の一部である可能性が高まったのです。「心」が脳細胞の一部だとしたら、「心」も脳細胞の一部として成長することになります。

少し話はそれますが、これまで人間には「心」があるが、動物には「心」がないと言われてきました。しかし、最近では、動物にも「心」はあるという学説が出てきています。これは、古代哲学者を悩ませてきた問いです。つまり、人間と動物の違いは、「心」の有無だと考えられていたからです。人間は自分の「心」をコントロールできるから人間であり、それがないのが動物であるという考え方です。

またこれまで脳の神経細胞は、大人になると新しく作られることはないといわれてきました。つまり、子供の頃に脳内に神経の幹細胞が生まれ、大人になるとその活動は止まると思われていました。しかし、この「常識」も覆されました。アメリカのマサチューセッツ工科大学やパーデュー大学で研究を行ったジョセフ・アルトマン教授らの実験で、脳の中心部には大人になっても分裂する神経細胞が存在することが発見されました（永雄総一、青木田鶴「脳細胞の新生」週刊エコノミスト、二〇一五・九・一）。つまり、哺乳類でも脳の一部では神経幹細胞が新しく生まれることがわかったのです。

近年、DNAを編集するゲノム編集が話題になっています。DNAの編集をし、新しい人間を作ることが、可能になりつつあります。ゲノム編集により、DNAを集めて編集すれば、人間自らがカスタマイズした人間をつくることができるようになるかも知れません。将来的に宗教や倫理の問題で、その研究を許すかどうかです。

「心」が脳細胞の一部だとすれば、立派な「心」を持った人を集めてゲノム編集をすれば素晴らしい人間が生まれることになるのか。我々の想像を超えたところに科学はジャンプアップするかも知れません。

理想的な人間ができるかも知れない一方で、とんでもない悪人のDNAを集めてゲノム編集すれば、もの凄い悪人になるかもしれません。「人を見たら殺す」というような人間が作られてしまうかも知れない。

科学と原子力との関係と一緒です。「心」のない科学の進歩は、人を殺す原爆や兵器を開発しました。AIやロボットの進歩も間違った方向で使われてしまわないか、将来的には大変な心配事です。

人間は何のために生きるのか

人間は何のために生きるのだろうか、人間が生きるための最高の喜びは何か——。それは、人により、時代により違ってきます。

私は、病気で体が動かなくなった人の話に感動しました。自分では動けなくなった彼が涙を流して一番喜んだことは何だと思いますか? 彼が感動したのは、「自然の風」でした。車椅子で外に連れていってもらった時に「自然の風」を頬に感じ、生きていてよかったと思った。健康な人は常に風に当たっているから、その有難さがわからない。寒い所にいる人は暖かい所に行きたい。例えば、北欧に住んでいる人が冬になればエーゲ海に行って太陽の光を浴びたいと思う。しかし、毎日太陽の光を浴びたらもう良いと、寒い所へ戻りたくなります。人間は、冬の寒さのなかでは、早く夏になり、半袖で暮らしたいと思う。夏になれば、早く涼しい季節にならないかと思うものです。

世の中には病気するくらいなら、死んだ方が良いと思う人や、実際に自殺する人が沢山います。しかし、自然の風を頬に感じた時生きる喜びに感動する人もいます。ずっと病院のなかで闘病生活を送っている人にとっては、外で風を感じることは涙が出るほど嬉しいことなのです。私は、この話を聞いた時に「生きている喜びとは一体何だろう」「何のために生きるのか」という命題の一つの答えだと心に響くものを感じました。

人が生きる喜びは、十代、三十代、六十代、八十代など年代ごとに、また時代や環境ごとに異なります。だから一〇〇歳になっても生きる喜びというのはあるわけです。その生きる喜びは何かということです。

それは人間の欲望、自分の欲望を満たすことです。あるいは自分がこうあったら良いなという願望が実際に満たされた時かも知れません。

しかし、物に欲望を持った時にそれを得たら、喜びは、その時点で終わります。貧乏な人が、例えば金銀を欲しいと思っていても実際に大量に手に入れてしまったら、だんだん嬉しくなくなるかも知れません。なかなか手に入らないような物を得た時は嬉しいでしょう。しかし、物は得てしまえば、その時点で終わりです。ダイヤモンドをもらって一人でニヤニヤしているのは気味悪いことです。ダイヤモンドに生涯の喜びを感じるというのは如何なものでしょうか。これでは動物と変わりません。自分の座敷の地下に、金銀宝石を集めて夜になると取り出して喜びに浸っているというのは、他人から見れば気味悪い行為です。

しかし、本来の「心」の欲求は違います。自分の乾いた「心」に水のようにしみわたるようなもの、これを得た時が本当の生きる喜びではないでしょうか。

良い虚栄心と悪い虚栄心

「自分はこのような人間になりたい」という虚栄心が現実とピタッと合い、真実になった時に初めて虚栄心が「良い虚栄心」になります。しかし、お金をもらうだけ、美味しい物を食べたいなど、自分の欲望を満たすための虚栄心だけで生きるとすれば、それは寂しい話です。道徳も倫理もない、何をやっても良いから格好良くし、威張りたいというのが、「悪い虚栄心」です。最近、このような「悪い虚栄心」を持った人が世間に溢れています。

経済学者で哲学者のアダム・スミスは『道徳感情論』のなかで、人間の虚栄心について触れています。アダム・スミスは『国富論』で有名ですが、この『道徳感情論』はそれ以上の名著だといえます。アダム・スミスは、人間の虚栄心は、資本主義社会を維持していくのに非常に重要だと述べているように私には思われます。しかし、一方では、悪徳であり、道徳を破壊するようなことを起こすかも知れません。

例えば、もし陸の孤島で一人だけで住んでいるとします。誰との付き合いも何もない。自分の他には誰もいない状況です。その時、人間には虚栄心はないのです。なぜなら、人間が虚栄心を持つのは他人がいるからです。自分を実際よりもよく見せたい、これが虚栄です。お金のない人が、俺は大金持ちだと見せたい。そういう場所で人に貢いで、喜ばせようとするのも、自分がいかに金持ちかを見せるための虚栄心です。

しかし、一人で孤島に住んでいたら、虚栄心が全くなくなります。どのような格好をしても誰も見てくれないし、自分さえ良ければ鏡を見る必要もないでしょう。裸でいても誰も文句を言わない。何を食べようと別に誰も見ているわけではない。自分の好きな物を食べて寝たい時に寝て、自由気儘に生きるだけです。

人間は、自分以外の人がいれば、例えば四人で孤島に住んでいたら、虚栄心が出てくるわけです。俺が一番物を持っている。俺が一番力が強い、俺が一番たくさん食べる、というように何かしら虚栄心が表れてきます。資本主義社会が発展するのは、もしかしたら人間にこの「虚栄心」があるからではないかという理屈です。

企業経営者が粉飾決算に走るのもこの虚栄心のためかもしれません。「うちの会社はライバル会社よりも利益を上げている」などの虚栄心を満たすために粉飾決算をします。また「大会社の社長・会長になりたい」というのも虚栄心のなせる業かも知れません。

そのような虚栄心が「世のため人のため」に良い方向に作用すれば資本主義は発展します。みんなが競争心を持って、より豊かな生活を手に入れようとします。中国にしても、経済発展が、「良い虚栄心」に基づく競争になれば良いのですが、ニセ物商品を大量に生産するなど、虚栄心が間違った方向へ行くケースが多いわけです。アダム・スミスはとても的確なことを言っています。

虚栄心を如何に良い方向に向けるか、それはやはり「心」の問題です。「心」が歪んでいると虚栄心も歪むわけです。

「世のため人のため」に役に立つ人間になりたい。そのために勉強をしてお父さんやお母さんに褒められたい。学校で良い成績を修めて、良い大学に入り、自分の夢を実現したいというのは良い虚栄心です。しかし、例えば、友達に威張りたいから良い大学に入りたいというように虚栄心だけのために生きるのは、間違っています。

人間の成長の三条件

マハトマ・ガンジーは、人間の成長のための三つの条件として、①身体の鍛錬、②知識の鍛錬、③精神の鍛錬を挙げています。身体の鍛錬、知識の鍛錬は、スポーツの練習量、読書量である程度結果が出ます。しかし、三つ目の「精神の鍛錬」、つまり「心」を鍛えることは、結果が目に見えにくいだけに一番難しいことです。

人の「心」を育てるには、文章を読む、あるいは勉強をするなどの知識の鍛錬をすることが重要です。現に本を沢山読み知識を得ると人間の脳は成長していくものです。身体もそうです。人間は鍛錬することによって成長します。マラソンやサッカー、水泳の選手もそうです。現実に人間は鍛錬によって何千年もの間、それが継承され少しずつであれ成長してきました。本を読み知識を得ること、身体を鍛えることで、記録を更新し、技術を開発してきました。

しかし、「心」は知識を得て人間として成長しても、それは一代限りで終わってしまいます。例えば、孔子や孟子、アリストテレスなど偉人と呼ばれる人たちの哲学や価値観の多くは、人の「心」について述べています。それらは、決して彼らが文章を読んで学んだだけではありません。そして、彼らが死んでしまえば、知識は学ぶことはできるとしても「心」は子孫にそのまま継承されることはないのです。孔子の子供が孔子並みの立派な人間になったのか、アリストテレスの子供はどうなったのか、イエス・キリストの子孫がどうなったのかなど、その後のことはあまり知られていないし、わからないのです。

遺伝子情報は、次第に解明されてきていますが、「心」については、永遠の謎です。「心」が脳細胞の一部だとして、どうしたら「心」を鍛えることができるか、その方程式があるならばとっくの昔にできているはずです。例えば、こういう本を読めば、立派に神様に近づきますよと言えば、みんな同じことをやるのです。孔子の本を読んでも誰も孔子のようにはなれないし、アリストテレスの本を読んでも、モンテーニュの『エセー』を読んでも誰も彼らと同じにはなれない。私は、社長に就任し、経営者になったばかりの人に「どういう本を読んだらいいですか」と聞かれたことがありますが、「パナシーア（PANACEA「万能薬」）はないよ」と答えます。「この本を読んだら、大会社の名社長になれますよ」という本があるわけがありません。

走るのが速いなど、運動選手はその能力が遺伝する可能性はあるかも知れません。相撲の力士の子供が力士になる、野球選手の子供が野球選手になるということはよくある話です。しかし、肉体は遺伝しても、「心」は、自分で鍛錬しなければならず、子孫がそのまま受け継ぐことはないのです。「心」は継承できないようです。寿命がきたら大体その人の「心」は消えてしまう。神に近くなると死に、また次の世代の「心」はゼロから始まります。

人間は、如何にして、「心」を鍛錬し、「自分で自分をコントロール」できるようになるのでしょうか。つまり、人間は、どのようにして、「動物の血」を抑えて人間になることができるのか、それは「心」を育てることです。今まさに求められているのは、「心」の教育であり鍛錬なのです。

第二章　「心」の教育・鍛練

一生忘れない叱られた経験

「心」が弱い子供にも、コントロールの利かない「動物の血」が流れています。子供は、大人以上に熾烈な弱肉強食の世界に生きています。だからこそ、弱い者いじめをしたりするのではないでしょうか。「動物の血」が強い子供の時代に痛い思いをするようなしつけも必要です。子供のうちに教育をしっかりとしなくてはならないのです。特にこの頃に父親に怒られた記憶などは一生忘れないものです。

私の祖父も祖母も宗教熱心で、本屋を始める時も「正進堂」という名前にしたほどでした。「うちの書店の名前に恥じるようなことをしてはならない」とよく子供の頃にいわれたものです。

私は、何か悪いことをすると、子供心に「誰かが見ていて本屋が潰れ、家族に迷惑をかけたらどうしよう」という風に考えたものです。

父親には嘘をついて叱られました。一回しか殴られていないが、その記憶は一生忘れないものです。

父親に内緒で子犬を飼っていたことがありました。父からは、「犬は死ぬからそんな可哀想な目に遭わせたくないので、飼ってはだめだ」といわれていました。しかし、子犬があまりにも可愛いので、父には秘密にして飼っていたのです。ところが、当然、犬ですので「ワンワン」と鳴きます。父から「お前、犬飼っているだろ」と叱られる。私は「いや飼ってないよ」と嘘をついたのですが運悪く、子犬は「ワンワン」と鳴き続けるわけです。「鳴いているではないか!」ということで、殴られました。

なぜ子犬を飼うのが、そんなに悪いのかと思いましたが、父は嘘をついたことに怒り殴ったのです。嘘をつかなくて、飼っているだけだったら「子犬を飼っては駄目だ」とか言って叱るだけで、殴らなかったでしょう。

学校でも悪いことをしたら、水の入ったバケツを両手に持ったまま三〇分くらい立たされたりしました。嘘をついて先生に殴られたことも忘れられません。嘘をついて家庭では父親に叱られ、学校でも叱られる。家庭や学校は本来、知識を得るだけではなく、「心」を教育する場でもあったのです。

知識は現在の人間の方が昔の人間よりも優れているかもしれません。しかし、現在の人間が昔の人間に比べて、「心」が優れているということはない。いまだに殺人などの犯罪は後を絶ちませんし、「心」が進歩したかどうかは別問題です。

私が伊藤忠商事の社員時代、社長になっても一貫して「嘘は絶対いけない」という考え方を大切にしてきたのも、この子供時代の体験があったからではないかと思います。経営理念として、クリーン（清）、オネスト（正）、ビューティフル（美）にこだわるのは、祖父母や両親などが教えてくれた「つねに正直・信用」という家庭内の空気や痛みの記憶があったからだと思います。

「心」は人生の喜びの根源

私は、よく「君はアリになれるか、トンボになれるか、人間になれるか」という伊藤忠商事の大先輩にいわれた話をします。「アリ」は、二十代前で、まだ子供の段階です。目の前のエサを運ぶだけで精一杯で、広く世の中を俯瞰して見ることができません。しかし、エサを懸命に運んでいるうちに知識が増えて、常識を身につけて行き、「トンボ」三十~四十代の時期になるのです。目先のことだけでなく、複眼的に物を見たり考えたりできるようになります。しかし、この時期は、「アリ」以上に懸命に勉強しなくてはなりません。俯瞰的に様々な角度から物事をみつめ、検証し、またそれを自分の血肉とします。そのために絶え間ない努力と向上心が必要です。その結果として、ようやく四十~五十代の「人間」になれるのです。

ここでいう「人間」とは、自分自身をコントロールできる力、温かい人間の血の通った優しさで他者への思いやりの「心」を持つ人のことです。人によっては、努力せずに「トンボ」の段階で人生を終える人もいるでしょう。大事なことは、「人間」の基礎を作る「アリ」の時期にどのような教育を受けるかです。

人間が「心」を意識しだすのは、五~六歳頃の小さな「アリ」の時代ではないでしょうか。この頃に、愛想笑いをするようになると言います。他者を自分とは違うものだと意識するようになり、他者を喜ばせたりするために子供は、愛想笑いをするようになるそうです。この頃から「心」は、出てくるわけです。

小学生になり、お母さんに褒められることに「心」の喜びを覚えるようになります。例えば、テストで一〇〇点を取ってお母さんに褒められ、抱きしめられたいと思うようになります。中学生や高校生にしても同じです。「心」の渇きを感じながら、基本的には親などに褒められたいから頑張ります。

「心」というものが人生を生きる喜びの柱石なのです。全ての年代にわたって、「心」を満たすものがあります。これは人によって違うし、年代によっても違う。しかし、物では「心」は一〇〇％満たされることはありません。立派な家を建てても、建てた当初は嬉しいですが、そのような気持ちは直ぐに消えてしまいます。美人と結婚しても、毎日見ていたら直ぐに慣れてしまうといいます。

今から三十年余り前に幼児期の「心の教育」の重要性を説いた『あと半分の教育』（現在は『井深大の心の教育』に改題）が出版されています。著者は、ソニー創業者の井深大さんです。井深さんは、トランジスタラジオ、トリニトロンテレビ、ウォークマンなど世界初の製品を次々と発明し、「世界のソニー」を作り上げた経営者です。

この本のなかに当時の日本の社会風潮について一九の教訓が述べられています。愛国心の消滅、悪平等主義、拝金主義、過度の自由要求、道徳軽視、3S(スポーツ、スクリーン、セックス)の奨励、ことなかれ主義の政策、無気力・無信念、義理人情の抹殺、俗吏・属僚の横行、否定・消極主義、自然主義、刹那主義、尖端主義、国粋主義の否定、享楽主義、恋愛至上主義、家庭制度の破綻、民族的歴史観の否定——です。

この教訓は、一九三四年にナチス・ドイツの宣伝相ゲッベルスがドイツ国民に与えた「一九の企て」です。井深さんは、この一九の企てを読んだ時に、一九八五年の出版当時の日本の社会風潮を言い当てていると思ったと述べています。

私は、この文章を読んだ時にこれは、現代の日本の社会風潮だけでなく、世界のどの国にもそのまま当てはまるのではないかと感じました。

また井深さんは、「人間は教育しだいでどうにでも育つ」として、幼児期の教育が如何に大切か、オオカミに育てられた姉妹の話を紹介しています。オオカミに育てられて群れのなかで暮らしているところを発見されたアマラとカマラの姉妹は、改めて人間教育を施されます。妹のアマラは人間社会に戻り、一年ほどで死んでしまいますが、カマラは、教育の結果、三年で、二足歩行ができるようになりました。しかし、とっさの行動に移る時は四つんばいで歩くくせが一生抜け切らなかったそうです。カマラは、人間社会に戻り、九年後の十七歳で亡くなりますが、その時には僅か四十五の言葉しか喋れず、知能は三歳半程度だったそうです。

井深さんがこの本を書かれた時代背景や環境も違いますし、必ずしもこの本の内容を全て鵜呑みにすれば良いというものではないと思います。しかし、オオカミに育てられた姉妹の話のように人間には臨界期があり、幼児期の教育を大切にしなければならないという骨子はいまも大切な教訓を与えてくれています。

「一九の教訓」もそうですが、井深さんが約三十年前に日本社会に危惧したことは、今の日本にもそのまま当てはまるといえます。このままでは三十年後にも日本の社会風潮は変わらないかも知れません。今一度、「心」の教育に真剣に取り組まなければ、同じことになってしまうかも知れません。

「家庭」「学校」「社会」の三位一体の教育

子供の教育には、臨界期があり、幼児期の人との絆や繋がり、あるいは家庭の環境というものが、非常に大きな影響を与えます。特にこの時期に「家庭」「学校」「社会」の三位一体の考えのなかで教育をしなければなりません。

幼児期には、心地よい音楽を聴く、毎日子供に絵本を読んで聞かせるなどの情操教育があります。しかし、どれが本当に子供の「心」の成長に有効なのか、誰にとってもあてはまる正解はなく環境や人により様々なのでしょう。

ただ、そのタイミングというか、臨界期に教育をすることは、非常に大事だと言えます。

インドでは小学生になると二桁の九九を覚えさせるそうです。日本では一桁です。

うちの孫には、インドと同じように二桁の九九を覚えるように言っていますが、「そんなのできない」と言われてしまいます。しかし、インド人にできて日本人にできないわけがない。人間のＤＮＡの個体差は〇・一％で、その他は同じとされているのだからできないわけはないのです。言葉と一緒で、何回かやっていたらできるようになるというのですが、孫は「どういう得があるのか」と言います。知っていれば、ものすごく計算スピードが速くなります。そうでないと、例えば九九×九九は九八〇一と、いちいち計算しなければならない。インド人にとって、九九×九九は九八〇一というのは、我々が九×九は八一と覚えているのと一緒です。だから、そういうタイミングを見計らって勉強すれば、人間の能力は、我々が考えている以上に素晴らしいものになるのではないかと思うわけです。

そういう臨界期を逸しないような形で、学校の教育もしていく必要があります。これは知識の分野ですけど、「心」の教育についても、同じことが言えます。災害が起きた時などに先生や大人がどのような行動をとったのか、学校や社会は、どうしたのか、強烈な印象を子供たちに与えることになります。例えば、福島原発事故や石巻津波災害の大川小学校生八十名以上の避難遅れの死亡事故にしても、何年か経った後に、子供の「心」に何らかの大きな影響を与えていると思います。「大きな衝撃を受けた」など過去の体験により、子供たちの物の見方が変わります。親族が亡くなった時にどう思ったとか、津波災害に対する周囲の人の言動の問題とか、学校で、先生がいろいろ話したことなどは、被害を受けた子供達の「心」に将来にわたって残るものです。

原発事故一つとっても、子供達は黙って聞いているだけでなく、相当心に響いている部分があります。そのような目で、これからの子供達のことをとらえていく必要があります。

だから家庭の教育もまさに同じです。お父さん、お母さんのそういう日頃の生活のなかにおける態度は、子供に我々大人が考える以上に大きく影響しているのです。

例えば、子供がどこかで万引きした時に両親が、どういう態度を取るかというのは、ものすごく子供に影響を与えます。もちろん怒るかも知れないけれども、どのような叱り方をするかです。

一九六〇年～七〇年代の小中学生の非行のワーストワンは何であったのか。それは万引きでした。その当時の子供が今四十～五十歳です。この世代の人は万引きという犯罪を「非常に悪い大罪だ」と思う人とそう思わない人にわかれるかも知れません。時代時代によって価値観は違うものです。

私の大学時代には、大学紛争が盛んでしたが、学生が後ろから人を竹竿で殴るなどしていました。「学生運動」と聞くと暴力を振るうものだというイメージが強くあり、そのような運動には関わりたくないと思う人もいたわけです。

自分の体験とか経験というのは、何十年か経った時にもとことん残っています。本で読むだけと、実体験として経験が残っているのでは印象が全く違います。仕事でも、本人が実際に失敗を体験した場合にしか教訓にはならないのです。それは「チェルノブイリの祈り」や福島の原発事故がその後の教訓になっていないことからもおわかりいただけるでしょう。

だから北朝鮮問題やシリアの難民問題、世界の政治の問題にしてもそうです。実際に経験した人はそこから、大変な教訓を得られていると思います。経験していない人は、いくら本で読んでも、人ごととして忘れてしまいます。

教育というのは、非常に狭い範囲のことですが、日頃の生活習慣とか、その時の状況によって、大きな違いがあるのだと思います。教室で座ってさえいれば、教育だと思ってはいけない。あらゆる子供達の仲間の遊びとか、子供達の間の親分子分の関係とか、そういうものが何年か経って成人した時に、やはりイメージとして、自分の「心」にどう刻まれているかということなのです。子供時代の印象の刻まれ方は、目に見えないものなので、「心」の教育は本当に難しいものなのです。

いまだ日本人はエコノミックアニマル

一九八〇年代の日本のバブル期に、日本人は働きすぎだとして「エコノミックアニマル」と呼ばれました。しかし、今は国際的には日本人はエコノミックアニマルとは呼ばれなくなりました。本当にエコノミックアニマルは消えたのかというと、そうではありません。ますますその傾向が進んでいます。今非正規社員が二〇〇〇万人にも上ります。それらの人々は結婚もできず、結婚したとしても、お金が足りず子供に高等教育を受けさせられない人が多くなっています。OECD（経済協力開発機構）加盟国のなかで、義務教育への政府の支出の平均は約九〇％です。日本は九三％くらいなので、平均よりやや高い程度です。

しかし、問題は大学などの高等教育です。先進国平均で七〇％ほど政府が教育費を出しています。日本は三四％程度です。ここに大きな教育の差が出てしまいます。日本は先進国のなかで下から二番目でした。ちなみに最下位は韓国でした（二〇一五年十一月OECD公表）。

韓国は、教育熱心な国です。それは個人で金を払っているからです。日本も韓国も裕福な個人が教育にお金を払っているのです。

裕福な人は良いのですが、本当の貧乏人は、もう高等教育を子供に受けさせられません。中国西部の農民でも本当の貧乏人は大学に行けないので、家族が牛を一頭売るとかして、その金で都会の大学に行かせるわけです。やはり日本でも高等教育に対しての貧富の差が非常に大きくなっています。

世界の富豪の六二人の資産と、世界人口の下位五〇％、三六億人の資産は同じだといいます。

そこまではいかないにしても、やはり日本でも政府で公的支出として教育に金を出す額が少ないから、どうしても個人で出せるのは金持ちに属するわけです。

国立青少年教育振興機構が日米中韓の四カ国の高校生を対象にした調査（二〇一五年八月）によると、「国のために尽くすことは大切だ」と回答した割合は、五五・二％であり、他国の七一％～八三％に比べて少なく、また「人生の目標」は、「社会のために役立つ生き方をすること」と回答した割合は、三一・九％であり、一位の米国五六％、二位の韓国四二・七に比べても低い結果でした。一方で、「自分はダメな人間だと思うことがある」は七二・五％と他国と比べても最も高かったのです。

また「親を尊敬している」「どんなことをしてでも自分で親の世話をしたい」と答えた人は他国に比べて最も低い結果でした。さらに「将来、どの程度の教育を受けたいか」という質問に対する答えは、大学院修士までと答えた人は、僅かに三・七％で米国と中国の二一・六％に比べて圧倒的に低く、大学院博士と答えた人は、一・二％しかなく三カ国中、最も低い。

この調査結果からは、日本の高校生は、国や社会のために尽くすという意識が低く、自分自身に自信がなく、親や家庭を大切にする意識が低く、高いレベルの教育を受けることへの関心が低いことはわかります。これは、日本にとって、憂うべき実態と言えます。

企業の教育費の減少

一九八〇年には、企業の社員に対する教育費は、六〇〇〇億円程度でした。バブルの絶頂期の一九九一年が一番高くて二兆二〇〇〇億円でした。ジャパン・アズ・ナンバーワンといわれ、バブルの時代に企業は儲けていたので、教育にかけるお金が増加したのです。

ところが二〇〇〇年以降、そして現在も五〇〇〇億円程度に減少してしまいます。いわゆる「失われた二〇年」です。この頃から企業は、非正規社員を増やしたせいか、教育費は減りました。

「非正規社員は、どうせ三年とか五年で辞めてしまうから、教育してもしょうがない」という発想です。高等教育というものが、一般の平均だけではなくて、企業でも、社会教育と言われる分野でも、日本は相当にレベルが落ちてきているのです。

ドイツなどの欧州では、社会全体で教育をするという意識が強い。ところが日本の場合は、数字から見ると、明らかに公的な機関として、あるいは組織として教育をバックアップしていない。これはやはり日本の将来にとり非常に憂ふべき問題です。

個人が悪いのではなく、政府の姿勢が間違っています。

政府が教育にお金を出せない大きな理由があります。それは、巨額の政府債務が、日本のGDP比の約二四〇%、つまり二・四倍あります。これは恐るべき世界一の数字です。

政府にはお金がありません。支出の三三%は福祉です。防衛費が五%、教育費が六

%、一番の問題は、国債費です。要するに借金（債務残高）の償還や利子がこの低金利やマイナス金利時代でさえだいたい二二～二四％あります。税収だけでは三五～四〇％ほど足りません。借金の穴埋めでさらに国債を発行せざるを得ません。

国民の将来の生活を考えれば、社会福祉や教育費を増やさなければならなくなりますが、教育費はこの財政状況では増やす余裕はありません。

もはや教育を政府に頼るわけにはいきません。では誰に頼るか。企業に頼るわけにも簡単にはいかない。そこで、日本は個人に委ねざるを得ない状況なのです。人が最大の資産である企業ももう少し、そういう教育に力を入れなければいけません。

社会の教育

戦後の学校教育は、知識を得る場であり、あまり「心」の教育をしていませんでした。昔の教育勅語のような倫理体系を教えることもない。戦前の教育が全面的に良かったわけではないですが、今よりは多少良かったといえます。また昔から日本では、

「心」の教育は、社会全体で担っていました。

民俗学者の宮本常一（一九〇七年～一九八一年）の『忘れられた日本人』には、昔の日本の風俗が書かれています。今から七～八十年前から宮本常一は、西日本を中心にいろいろな島や村を訪ねていました。ある村では、寄り合い所帯で六十歳すぎた老人を集めて長い時間をかけて話し合います。六十歳すぎた老人たちなので、姥捨て山に近いと言われた人々でしたが、そこで、嫁の悪口などを言っても、一切口外しないという暗黙の約束がありました。注目すべきことは非常に倫理的にしっかりしていたことです。この掟のようなものがあるため、その寄り合いの中の悪口や会話は、一切外に出ません。

老人たちは、寄り合いで何時間でも話をするそうです。何か問題があると集まります。自分の知っていることを、みんなが言い合い、問題の解決策を探すのです。話題があちらこちらに飛んだりして、時間がかかります。時に三日間くらい同じようなテーマで話し合う。そして、皆が納得したところで、「それでいこう」ということになり、その寄り合いの親分、塾長のような人が解散をします。

その話し合いは、宮本常一によると、とても民主主義にのっとったものだったといいます。身分の高くない武士である郷士と農民では、郷士の方が身分は上ですが、寄り合いでは、差別がない。みんな平等に話し合っていたといいます。また郷士が暇な時は農民の農作業を助けたりしていました。

この頃の村落の教育は、今の人より知識があったわけではないのですが、寄り合いで集まり、人間として生きる経験や知識、知恵を集めて良い社会を築こうとしていたのです。


また日本では、お寺や寺子屋が社会的な教育の場となっていました。鎌倉時代末期の浄土真宗の一派に時衆（時宗）があります。この一派は、親鸞や法然などの仏教体系がない時代に各地域の寄り合いの形で広まりました。各地域に行って、踊りなどして、民衆を集めて、寄り合いを開き、自分達の生活の悪いところ、良いところなど言い合うのです。若い人が何か文句を言うと、長老が「おい、お前さんね、自分も悪いことしているだろ、そのくせに人の悪いことを言うとは、何ごとか。自分の足元をよく見てから話せ」などと諭していました。長老からそう言われると、皆「しーん」としてしまうそうです。長老が一番偉いわけです。

このように昔から、「悪いことをしていない人間は一人もいない」ということを前提に寄り合いで集まり、解決策をみつけるということをしていたのです。最近、大臣が口聞き疑惑で辞任しましたが、野党がこぞって疑惑を追及していました。本当に自分が同じことをしていないといえる政治家がいるのでしょうか。その時に「自分の足元を見て言え」といえるはずの長老議員も自分が同様のことをしているかも知れないので、はっきりとは言えないのでしょうか。一〇〇〇年近く前から続いた昔の寄り合いは、お互いに知恵を働かせて、村の社会をうまくまとめていく機能があり、今の国会や会社の組織などより、よっぽど素直で賢い仕組みだったのです。寄り合いは、本も読めない人達に対する「心」の教育の場にもなっていたのです。

例えば、ＮＨＫの紅白歌合戦のように昔から田舎の村では歌合戦をしていました。

山中を歩く、夜に大声で歌を歌うことで「ここに人がいる」「その歌声は、近くの村の人だな」など地図がない時代に場所を確定するために役に立ったそうです。このように今の我々では思いつかないような生活の知恵、お互いに経験を共有していたのです。また昔は、今に比べて性があけっぴろげで、歌合戦に勝つと、男性が女性と一晩一緒に過ごせる、などということがあったそうです。

このような昔の日本の倫理体系が形になっていったのが、中国からの仏教や僧侶の説教とも言えます。お説教の中でいろんな話が出てくるわけです。僧侶は、説教の中で例え話としてみんながわかりやすいように話をするわけです。例えば僧侶が、「泥棒に入ったら、必ずお天道様が見ている」ということを最後の締めとして言います。それをただ単に聞いただけでは、文字を読めない人などあまり教育を受けていない人は何を言っているのかわからない。もっと印象付けるようにするために出来たのが、「落語」なのです。つまり、落語は、もともと僧侶の説教から始まっているようです。

なんで落語が誕生したのかというと、話がわかりやすいので、無教育の人でもわかるからです。例え話なので、印象に残ります。漫才の場合は二人一組になって家々を回ります。「こんなことをしてはだめだよ」と面白おかしく子供たちでもわかるような例え話をします。これは、要するに「心」の教育です。

本も字も読めない人たちに倫理観、人間の生き方について教育したわけです。しかし、最近の落語や漫才は、コメディのようになってしまった。昔の「落語」の方がずっと優れていた部分があったようです。


幕末の松下村塾や西南戦争を指揮した西郷隆盛を慕って若者が集まった私塾のようなものも寺子屋の役割を果たしました。

このようにお寺や寺子屋、寄り合いなどは、お爺さん、お婆さんなど一緒に暮らす老人などが話し合い、子供たちも、「あなただめじゃない」と言われたり「隣の何とかさんは…」という話を聞く、一つの「心」の教育になっていたのです。

キリスト教の教会やイスラムのモスクなども同じです。

必ずしも、昔の人が優れていたわけではありません。生活が苦しくなり、貧乏になって食べるものがないと村民を村から追い出すなど、食べ口を減らすなどしていた。

このように一概に昔は今より優れていたということは言えませんが、「心」の教育という面では、しっかりしたものがあったと思われます。

「物」の国から「心」の国へ

私は、「二十一世紀は『心』の時代」と書きましたが、日本は、科学技術中心の「物の国」から「心の国」にならなくてはなりません。そのためには、まず「家庭の教育」から始めるべきです。

「家庭の教育」をしっかりするには、まずは、お父さん、お母さんの「心」の教育をしなければなりません。お父さんお母さんがしっかりしていなければ、子供の教育ができるわけがない。今の時代にお爺さん、お婆さんの話を聞けといっても、生活環境上なかなか難しい。老人と一緒に住む機会を作れというのも難しいでしょう。家族や社会の絆を強調しすぎると戦前のドイツやイタリアのようにファシズムを生む可能性があります。

もはや国には教育にかけるお金があまりなく、やはり個々人の力で、そういう意識を持って、「心の国」を立ち上げなくてはなりません。

まずお爺さん、お婆さんは、自分の子供たち、孫たちに積極的にお金を投じることです。教育ほど時間と金がかかることはない。「心」の教育だって、全く一緒です。

またお父さん、お母さんは、積極的に子供と一緒に遊ぶ時間を作る必要があります。

また子供同士が遊ぶ場を提供する。授業が終わった後は学校を開放して、子供たちがそこで、例えば一年生と六年生が一緒に遊ぶ。これで一年生は六年生を見習って、子供同士のルールとかそういうものを学んでいくのです。

今は、そういう子供たちが一緒に遊ぶ場所が全くないのです。学校が終わったら、すぐ家に帰り、各々がバラバラに塾に行く。それでまたうちに帰ってきたら、お父さん、お母さんはまだ家にいない。これでは、本当に孤独なエコノミックアニマルになってしまい、「心」が育ちません。「言うは易く行うは難し」。人と金は何をするにも必要です。自治会、町内会、高齢者、退職者の方々の協力で次世代を育てるために小さな一歩をまず踏み出すことです。じっとしていては何も変わらないのです。

また子供に日本人としての自覚を持たせることも重要です。日本人の自覚を持たせることは、副作用もあるので、慎重にしなければいけませんが、最初の取り組みとして一番良いのは、高校生、大学生くらいに夏休みなどを使い三カ月ほど海外に留学させることです。

例えば海外の大学なり高校なりに留学させます。三カ月くらいですから、費用もそんなにかかりません。

企業も、年齢に関係なく海外のＭＢＡに人を派遣します。大企業は資産があるので可能かも知れません。しかし、中小企業は難しいかも知れません。そこで従業員一〇〇人規模であれば年に一人だけを派遣します。そのようにすれば、他の社員も「次は自分が行けるかも知れない」と頑張るものです。何もしないのではなく、一歩踏み出さなくてはなりません。じっとしていては何も変わらないのです。

海外の同年代の若者と接触して、日本人である自分はどういう人間かを認識させることで、日本人としての自覚を持たせられます。これが国際感覚です。国際感覚というのは、英語を学ぶということだけではありません。

「心」の教育の副作用にも注意が必要

「心」の教育を進めるにあたり、その副作用についてもよく考えなくてはなりません。人間同士の絆は非常に重要ですが、過度に強調すると先ほど述べたようにファシズム的な社会になる可能性があります。

例えば、イタリアのファシズム時代は、政府、資本家、労働者の三者の賃金を国家委員会という組織が決定していました。今の民主主義社会でも、最近は政府と労使が一緒になって、二％賃上げを進めたり、労働条件を労働者派遣法で規制したり、政府主導で、同一労働同一賃金だといってみたり、ファシズム的な動きも見られます。これには非常に問題があります。一つのことをやる時にその功罪、コインの表も裏も含めて考えなければなりません。

また政策の効果が出るまでには時間がかかるものです。最近も、安倍首相の経済政策「アベノミクス」の効果に疑問符をつける声が聞こえます。しかし、そんなにすぐに効いたら、副作用が出てくるものです。経済政策の効果がすぐ出ないから、失敗というのも可笑しな話です。しかし、何年も同じ薬を飲み続けても効果が出ないのに相当強い劇薬を飲んだところで、下手すると副作用が出て、とんでもない方向へ行ってしまう可能性もあります。マイナス金利にしても、同じ薬の色を変えただけの話であり、急に通貨が膨張したり、経済が一気によくなれば、かえってその副作用が危ない。「心」の教育を考えるにあたっても、思い込みや唯我独尊的考えが流行するこの頃だけに、副作用についてもしっかり考えながら進めなければならないのです。

第三章　「心」なくして商売はない

経営者、商人の「心」

「心」の教育の必要性は、子供だけではありません。企業の経営者や商人にも「心」の教育が必要です。

最近、日本を代表する電機メーカーの不正会計事件など企業不祥事が相次いでいます。企業不祥事の多くは、経営者の傲岸不遜な態度、「心」が、企業の堕落に繋がったと言えます。

なぜ経営危機にある企業の経営者は、不正会計に走るのでしょうか。それは、利益至上主義など、株価や市場を意識するあまりに目に見える成果を追い求める風潮が元凶だといえます。人間は放っておけば、国も企業も個人も傲岸不遜になります。会社の中では、成果主義が蔓延し、数値など目に見えるものが幅をきかすようになります。一方で、哲学や思想などは、数値化されない。目に見える利益など数値化されるものばかりが重視され、「心」の数値化ができないことが理由です。

このように簡単に数値化できる、利益至上主義の価値観が世の中に蔓延し、それは若者にも大きな影響を及ぼしています。若者に「将来何になりたいか」と聞くとお金持ちになれる職業、格好の良いものに憧れる傾向があります。かつて日本人はアメリカ人からなど、仕事ばかりしているエコノミックアニマルと呼ばれました。利益最大化を図る風潮は、第二次大戦後に広がりました。

「心」も肉体と同様、汚れるものです。だからこそ、我々が気をつけなければいけないのは、「心」の掃除をしなくてはならないということです。体だって、石鹼で洗って綺麗になる。やはり私たちはお風呂で体を洗うように、「心」も洗わなくてはなりません。夏目漱石の『門』などの小説にも座禅を組む描写がありますが、「心」の汚れは時々とらなくてはならないのです。

いかにして、「心」を洗うのか。座禅を組む、教会の礼拝に行く、読書をする、田舎に行きリフレッシュするなどして、「心」の汚れを取ることができます。

前に述べたように人間には「動物の血」が流れています。「心」を洗わない、「心」を鍛えないと「動物の血」が強くなり、あちこちで人を殺すなどの犯行に及ぶ人が出始めます。傲岸不遜になってしまった「心」を洗濯しなければならない。人間は、「心」の成長も止めてはならないのです。

そして、傲岸不遜こそ、国のリーダー同様経営者の末路でもあります。資本主義にとり、経営者が強く正しい倫理観を持つことは極めて重要なことです。欲深くなり、弱肉強食の一面があるのも資本主義の業です。資本主義の業をチェックする機能が必要です。つまり、人間の根底的な倫理観でチェックの役目を果たさなくてはなりません。

日本には、もともと謙虚で慎ましやかに生きることを美徳とする精神風土がありました。資本主義の暴走、企業不正に歯止めをかけるためにも、謙虚さや自立自省の精神が、今まさに求められているのです。

やはり、会社の経営や商売を成功させるのも、また「心」の問題なのです。

マックス・ウェーバーと「近江商人」の精神

近代資本主義が発展したのは、マックス・ウェーバーが『プロテスタンティズムの倫理と資本主義の精神』のなかで述べたように、高い職業倫理観があったからです。マックス・ウェーバーは、カトリックに比べて、プロテスタントが住む地域において資本主義の発展が進んでいることを明らかにしました。そして、ウェーバーは、プロテスタントにとって仕事とは、神から与えられた天職であり、仕事を通して社会に貢献することは神の栄光に繋がり、資本主義社会の発展にも寄与すると考えました。

マックス・ウェーバーの言う倫理は、キリスト教のみならず、仏教や儒教でもいえることです。マックス・ウェーバーは、比較宗教社会学者で、儒教と仏教、ユダヤ教など、世界の宗教を比較・研究していました。また日本でも近江商人の「売り手よし、買い手よし、世間よし」の「三方よし」の精神などのように健全な資本主義の発展には、ビジネスと倫理が一体でなければならないということは、洋の東西を問わず、共通の認識だといえます。

近江は、今の滋賀県にあたりますが、今も全国一、寺社仏閣が多いところで、古くから浄土真宗が盛んな地域でもあり、また孔子の教えを基にした儒教などの倫理観を生活の基礎にしています。ごまかしたり、だましたりしない、信用、信頼を最も大事にした社会でした。この地域では、十数年前まで鍵をかける家がほとんどなかったというぐらい、泥棒や悪人がいなかったといわれています。近江には、仏教、儒教の教えが歴史的に根付いており、「三方よし」の精神や「お天道様は見てござる」などの教えや道徳が、住民の血肉となり確たる倫理観を形成しました。先祖代々、連綿と受け継がれている倫理観が、近江商人の「心」を形成したのです。このように商売に倫理観を求める「近江商人」の精神は、マックス・ウェーバーの思想に似ています。

現在、日本では無宗教の人が多くなっており、そういう倫理観への意識が薄れつつあります。学校教育でも儒教や道徳に対する教育がほとんどない。それが、昨今の人間の「心」のない犯罪や相次ぐ企業不祥事などをもたらした倫理観の揺らぎに繋がっているのではないでしょうか。今こそ、我々は、マックス・ウェーバーや「近江商人」の精神に学ばなくてはならないのです。

伊藤忠兵衛の商売道

マックス・ウェーバーが『プロテスタンティズムの倫理と資本主義の精神』を発表した一九〇五年よりも三〇年ほど前に、日本にもビジネスにおける倫理の必要性を説いた人がいました。近江出身の伊藤忠商事の創業者・伊藤忠兵衛です（83頁の写真左が初代、右が二代目の銅像）。

伊藤忠兵衛は、「商売は菩薩の業、商売道の尊さは、売り買い何れをも益し、世の不足をうめ、御仏の心にかなうもの」と述べています。これは、商売道には、謙虚と禁欲の精神があり、それこそが近江商人の共通の精神であると表現しており、マックス・ウェーバーに非常によく似ているものです。

日本では、「商売道」とか「柔道」「剣道」とか、茶の道は「茶道」、花は「華道」

など「道」の付いた言葉が多くあります。つまり「道」が付くというのは、技術を動かしているのは「道」、つまり、「心」なのだということです。柔道というのは柔の道を究める、「心」を究めるものなのです。

つまり、「剣術」ではなく「剣道」、「柔術」ではなく「柔道」、そして商売も商人の技ではない「商売道」なのです。これは「心」なくして商売はないということです。

しかし、技術には「技術道」という言葉がない。つまり、技術は真実を語るが、「心」を究めるという概念がないのです。「心」なき技術者は、国または世界を滅ぼす危険性すらあります。例えば原子爆弾のように、「心」のない技術者が技術の真実だけを追った結果が、原子爆弾の発明などに繫がったのではないでしょうか。いろいろな意見は百も承知していますが、倫理観とか「心」というものがあれば、果たして原子爆弾を落としたのだろうかという疑問は消えることはないでしょう。

江戸時代では、「士農工商」という身分制度があり、商売人は、一番低い身分だとされていました。しかし、そのような環境のなかでも、伊藤忠兵衛は、前述のように「商売は菩薩の業、商売道の尊さ」を重んじ、商売で利益を上げて暴利をむさぼるの

ではなく、商売人には「倫理観」を持つことが重要であると説いていたのです。

商売とは自分の人格が柱石

現代でも日本の社会、特に経済界では「商人」を見下すような人が多くいます。経済団体などにしても商人が会長や副会長などになることは稀です。かつて「鉄は国家なり」などと言われましたが、製造業こそが国の根幹であるという意識が、日本の経済界では今も根強くあります。私が伊藤忠商事に入社した頃は、まだ商社の地位は高くなく、「モノ作りこそが、国益」という社会的な認識からか、商売というものが卑下されているように感じていました。「なんで商売は、そんなに下衆のやる仕事だと認識されているのか。おかしいではないか」と常々思っていました。

いま更改めて言う必要もないことですが、どの分野の仕事に従事されている人も、自分たちの仕事にそれぞれ自負心を持つようになるのは当然です。

私も、商社に入社して、商人として、仕事をしていくなかで、決して商人の道というのは卑下すべき一番下層階級の仕事ではないと感じるようになりました。むしろ、製造業以上に、商売道を通した商人の営みこそが重要なのだと考えるようになりました。世の仕事に「士農工商」のような身分制度はありません。

では、商売道とは何か。それは、人間の生活の原点です。商売がなければ、皆さんの生活が成り立たない。なぜなら、モノを作る製造業だけではなく、それを必要とする人にモノを運ぶ人が必要なのです。商社は、物が足りないところへ、物を作ったところから運ぶ、そのことで人々の幸せになるようにしています。値段ではない、クオリティでもない、商売には、いろいろな要素が組み合わさりますが、究極的には、自分の「心」との闘いです。

私は、伊藤忠商事の社長時代に、わかりやすく言えば言葉は誤解を招きやすいですが、「商売とは、自分の人格を売買するほど大事なものだ」とよく社員に語っていました。商品を売るだけではなく、人格を売るのです。お客様に商品は良いのだが、それを扱う商人が品性下劣で、人格が悪いから信用して買えないと言われれば商売は成り立ちません。これは日本国内の取引だけではなく、世界中の人々を相手にする商社マンにとって一番重要なことです。

商社マンは、お客様から信頼されるようにならなければならないのです。商人の人格、品性などを通して、人さまの信頼、信任を得るということがベースにあって、初めて商売が成り立つのです。「偽りを言ってはいけない」「人のためになるような仕事をしなければいけない」などという「商売道」または少し矮小化した個々人の立場から言えば「商人道」を通して、人さまの信頼、信任を得ることができます。商売は、最も精神力のいる仕事なのです。商売は商人の人格であり、それこそが商売道なのです。

商社を志す人間は、まずマックス・ウェーバーの『プロテスタンティズムの倫理と資本主義の精神』を読み、近江商人の精神を読むことを通して、資本主義の原点を学んでもらいたい。職業の倫理観、商売道の形成を歴史的に、学問的に理解することから始めることです。少なくとも商社マンたるものは、この精神を学び、仕事をするべきです。つまり、自分達の人格を柱石として各種商品を売って、商売をするという精神がなければならないし、また儲けたものについては、社会に還元するという精神が、なくてはならない。そして、「商売道」は、資本主義が永続するための条件なのです。

原発の問題にしても、技術は嘘をつかないが、技術者は嘘をつくことがあります。またその嘘は専門的であるので、一般の人にはわかりにくいのです。一方、商人が嘘をついたら、すぐにばれてしまいます。今の商社で働く人々の中で、資本主義の原点から考え商売道の重要性を身に付けている人がどれだけいるでしょうか。

前にも述べましたが戦後、「鉄は国家なり」といわれて製造業が過大に評価されていました。しかし、鉄を作っても、世界中に運ぶ人がいなければならない。運ぶ人がいなければ消費者に行き渡ることはなく、企業の自己満足にすぎなくなってしまいます。私は、「鉄は国家ではない。鉄を運ぶ人こそ国家だ」と我田引水的にあえて言いたい。

だからこそ商社で働く人々は、平和を愛さなくてはならない。もっと広い意味では商人こそ自由貿易を愛さなくてはならない。自由貿易を人為的に規制してはならないのです。商人は、人々の幸せのために働く、非常に高度な哲学や思想を持っていなければならないのです。

製造業とか、技術者が作ったものに対して、商売道の原点に立ち返って、「ちょっと待て、これは運べない」と言えるプライドを持たなければならない。儲かるからと言って何でも売って良いわけではない。極端な例をあげれば、武器を世界中に売りさばく「死の商人」とか「悪徳商人」になってはならないと言われたものです。

商人は自分の仕事がどれだけ社会のため、世界の人々のために役立っているのか意識し、「心」を原点とした商売道を貫くというプライドを持って取り組むことが重要です。給料が高いから、商社は良い仕事であるというのではない。また世のため人のために商売道をベースとして働く商人の姿をより多くの人に知っていただければ、商人を志す人も、今より増えることでしょう。

商売は「心」、「商売道」これこそが、「商い」を繁栄させる、そして日本の経済を繁栄させる原点なのです。

私は、伊藤忠兵衛の名代として、二〇一〇年三月に滋賀大学から名誉博士号を頂きました。その時の授与記念講演で、「商売道の精神と倫理」について講演を行いました。商社を目指す人、また今商社で活躍している後輩に読んでいただきたいと思い、その内容は本書の最後に参考資料として載せさせていただきました。特に伊藤忠商事の後輩には、伊藤忠兵衛の精神という原点を忘れないでほしいのです。

犬上郡豊郷村
伊藤忠兵衛

第四章　クリーン・オネスト・ビューティフル

経営者は「社員の信頼」を得られるかどうか

経営危機に陥った大手企業などで、常識的に見ても「動物の血」の濃い経営者が多くなってきています。経営の危機に際して、役員や社員が、何の傷も負わないで、苦境を乗り切るなんて無理なことです。誰かが血を流さなければ、改善はできても改革はできません。最近も台湾企業による日本企業の買収がありました。外国企業に買収してもらい、誰も血を流さないで、みんなニコニコして、ありがとうと、今まで通りにやれると思ったら、大間違いです。数千億も払って買収した側の企業はそんなに甘くない。彼らは日本の企業よりも、よほどお金にシビアですし、どこかで必ず、刀を持って、お前、血を流せって迫ってくるでしょう。「社長、責任取って辞めろ」ということでしょう。

経営危機になっても誰も責任をとらない。社長や役員は誰も辞めない、社員もそのままで、上手くいくはずがありません。社会はそんなに甘くない。やはり、血を流す改革が必要です。血も流さないで改革はできません。しかし、血を流す改革をするには、経営者と社員との間に信頼関係がなければならないのです。

私は、伊藤忠商事の経営を任されていた時代に「クリーン・オネスト・ビューティフル」と社員に言い続けていました。商人は、「清い心」「正しい心」「美しい心」を持たなくてはならないと事あるごとに社員に説いていたのです。いくら、経営方針として、「クリーン・オネスト・ビューティフル」を掲げても、社員が理解してくれなければ意味がありません。トップに立つ人間が率先して、「クリーン・オネスト・ビューティフル」を実践することです。社員は言葉ではなくトップの背中を見て判断するものです。

経営者として最も重要なことは「社員の信頼」を得られるかどうかです。つまり経営は、経営者と社員との「経営の信用受託」で成り立っている。従って経営者は社員に信用されるためにも、強い倫理観を持っていなければなりません。

私が伊藤忠商事の経営トップだった時に行った大きな決断の一つが、二〇〇〇年三月期に三九五〇億円の特損処理を行ったことです。一九九八年に社長に就任しましたが、日本経済はバブルの後遺症からなかなか回復できず、伊藤忠商事もその例外ではありませんでした。バブルの崩壊まで拡大戦略を続けていましたが、バブル崩壊により、融資先が破綻するなどで、担保にとっていた土地や建物などの不良資産が次々と積み上がっていました。担保価値は下がる一方で、損が際限なく出てきます。利益を出しても全部その損の吸収でなくなってしまう状況が続きました。

時間をかけて少しずつ償却するソフトランディングの方法もあったかも知れません。たしかに社内でも「このまま一括処理をしたら、会社は潰れるのではないか、他社のやっているように少しずつ処理したらどうか」と、ほとんどの人が一括処理に賛成しなかった。しかし、三〇〇億円を稼いでも、砂漠に水が吸い込まれるように利益が吸い込まれていく。これを十年続けていれば、会社も社員も死んでしまいます。

スピードが要求される時代に不良債権に足をとられている余裕はない。おりしも二十世紀最後の年です。二十世紀の負の遺産を一掃し、二十一世紀からは攻撃に転じたいと考えたのです。そこで、社内に「資産の中身をもう一度見直せ」と大号令をかけました。「一切隠し事をするな」と言って全て精査したところ、三九五〇億円の特損処理をすることになりました。人間はどうしても自分のした仕事の損を小さくしたいわけです。しかし、私の経験からして、損を評価、計算する場合は自己保身など「動物の血」が頭をもたげ、実際には、その三倍損が出てくることが多い。過去一九七七年に伊藤忠商事が、安宅《あたか》産業を吸収合併した時の経験から言っても、合併して実際に負債の状況を調べてみたら、ビックリ仰天した記憶があります。安宅産業の損失は一〇〇〇億円という見積もりでしたが、結果的には全部整理するとその三倍になっていました。こういうことはよくあることで、現場は、損をできるだけ少なく報告してくるものなのです。

その安宅産業との合併の経験があったから、私は「君たち隠すな。これ以上、損失を机の中に入れてはいけない、全てを出しなさい。世間に対しても隠してはいけない。『そんなにあるの?』と言われても、出し切るべきだ」と社員に伝えました。そうすると一三〇〇億円、一五〇〇億円と次々と損失が出てきました。しかし、私は、「いや三倍くらいある。もっと隠しているに違いない」と言って、また調べさせた。案の定、二〇〇〇億円と出てきた。そして、「もうバスが出るぞ。君たちが、このバスに乗り遅れたら、君たち自身の給料は全部ストップせざるをえない。これは最後のバスだ。バスが出た後に、『助けてくれ！』と言ってもバスに乗れないぞ」と語りかけました。それは当然、会社を辞めさせるということです。一方で、社員に「君らの責任じゃない。我々が、社長である私が責任を取るから出しなさい」と伝えていました。社員が経営者に対する信頼を持てないで、左遷などの仕打ちを受けると思えば、社員は本当の状況を表に出さない。これでは会社は良くならない。結果として、不良資産は当初に比べて三倍出てきたのが、三九五〇億円でした。

経営者に対する信頼がなかったら、また経営者が社員を信頼しなかったら、とてもではないですが、会社の経営はできない。特にこういう修羅場の時はそうです。

腐ったリンゴは決して戻らない

隠し事をしても、腐ったリンゴは元に戻ることはありません。むしろ時間をかければかけるほど、逆に腐敗がひどくなっていくものです。決して損は小さくならない。

腐った不採算の事業はできるだけ早く清算すべきです。

不採算事業から撤退するにあたり、赤字事業に従事する従業員に責任を押し付けて、責めるのではありません。一生懸命やっていても損するときはあります。黒字部門にいる社員は、偶然運が良く黒字事業に従事していることも多く、儲かっているから、俺は偉くて、損しているやつは悪いと傲岸不遜になってはなりません。全従業員への責任を持つ社長は、全社員の幸せのために赤字部門を整理・改革するということをリーダーである社長が決断しなければなりません。

会社は一つのチームであり、一人で仕事をしているわけではない。社長はチームのリーダーであり、自分一人が情報を持って社員に教えないのではなく、会社全体で情報を共有し、透明性を高めて全員で責任を取るという意識を形成していくことが何よりも大事です。

当時、伊藤忠商事は、一〇〇〇社程度の子会社があり、そのうち六割が赤字であり、四割の黒字を全て飲み込み、数百億円の赤字を出していました。このような状況は、社員のためになっていません。それをチームのリーダーである経営者が黙って見ていて良いのでしょうか。無理やり利益を出せといって社員を粉飾決算に走らせてはなりません。最後は「社員の幸せのため、また世のため人のため国のためになる仕事をするには、皆が自信を持ってやれるようにしなければ……」と思い、特損処理を実施することとなったのです。

そこで、私は、赤字をできる限り消す、また始めたばかりの事業についても三年経って黒字にならないものは、撤退する方針を明確にしました。不採算事業に従事する人で、他の部署への異動に応じない人には特別退職金手当てを支払いました。なかには一億円くらい支払った場合もありました。また「この野郎、殺すぞ」と脅しの声も耳に入るようになりました。その結果、伊藤忠商事は、多くの子会社を持つ大企業より最も早く、不採算事業の整理を行ったことになりました。

経営者は箱根駅伝などと同じで襷《たすき》を渡されたら、その区間をしっかりと走り切り、次の世代にその襷を渡していかなくてはなりません。任された区間を懸命に走り、良い状況で次の人に襷を渡せるように努力して走り続けなければならない。

私は社長の報酬をゼロにしました。経営破綻や不祥事があったわけでもないのに報酬を完全にゼロにした決定は珍しく、娘が「そんなことをして、大丈夫なのか」と心配してきたほどです。無報酬は、取締役会で話して決めたわけではなく、私の決断でした。取締役会で私から発表しましたが、一部役員から「社長だけ責任を取るのはおかしい。私も無報酬でいい」という発言も出ました。しかし、仮に役員全員が無報酬となれば、その下の部長や課長も責任を感じざるを得ない。それではキリがありません。「責任はみんなで、ケジメは一人で取る。みんなの分を私がまとめてやったと思ってくれ」と気持ちだけ受け取る形にさせてもらいました。うちのワイフは「給料なしだぞ」と言っても「ああそう」と生返事で、最初は信じてくれませんでした。しかし、本当になくなるとわかると、「本当なの」という反応でした。しかし、ワイフに言われて気が付いたのですが、無報酬でも税金は毎月払わないといけない。これは迂《う》闊《かつ》にも気が付かなかった。一生懸命働いて、そのうえ会社に税金分のお金を収めるわけです。社長の仕事は楽ではないので、大変でしたが、無報酬を実行しました。

「会社が苦しい時には真っ先に苦しみ、順調な時には最後に良い思いをするのが企業トップの条件」というのが私の信条でした。成績が上向けば我慢してくれた役員・上級職の社員にはボーナスを支払うが当面は経費・コストに今まで以上に厳しく対応、我慢をお願いしました。実際は、報酬をカットしても会社全体でみれば、大した金額にはなりません。しかし、報酬をカットすると何が起きたか。儲かれば給料を大幅に上げると公言していたこともあり、みな必死になって働くようになったのです。社員との信頼がなくては、このようなことは起こりません。

つまり「信なくして国立たず」です。そして、社員の信頼を得るような経営者でなければ、このようなことはできないのです。

そして、私は、社長、会長時代に電車通勤を貫きました。電車通勤は私にとって自戒の場であり、満員電車に乗ることで、社員と世間の目線に合わせるために行っていたのです。

当座の資金はあったので、「心」の底では会社は潰れることはないだろうとは思っていました。しかし、株価が下落し、市場からのプレッシャーを受ける可能性は大いにあります。最悪は、自殺しなければならないような思いでした。最後は神の助けがあるかどうかという究極の状況でした。

しかし、私が自殺しても迷惑を被るのは社員であり家族であり、責任を取ったことにはなりません。たぶん大丈夫だろうと自分を信じました。最後は社員がついているからです。社員が経営者を信頼し、「社長のためなら一緒に死んでも良い」という気持ちを持ってもらうほどの信頼関係が築けなければ、とてもできないことです。

たぶん社員は信頼してくれるだろう。今まで言わなかった会社の実情を、全社員に伝えています。社員に言えば、それは必ず世間に広がります。会社の将来のために恥をしのんで、会社の状況を包み隠さず公表しました。その結果、株は暴落して、赤字の決算を出すことになった。このような状況で「あの人、伊藤忠の社員よ」と言われたら、家族にも肩身の狭い思いをさせてしまう。だから「今は我慢しろ、必ず元に戻すんだ」と踏み切ったわけです。あちこちから非難轟々で、針のムシロでしたが、唯一の頼りは社員からの信頼だったのです。

またある銀行の頭取だけが、「あなたがやると言うなら、全面的にバックアップしましょう」と言ってくれました。この言葉は、涙が出るほど嬉しかった。

このように三九五〇億円の特損処理の決断は、経営者として行ったものですが、それを実現できたのは社員の信頼があったからです。社員の信頼なくして、会社の経営改革はできないのです。

「心」の経営

最近、日本やドイツの大手メーカーの「ガバナビリティー（統治能力）」が問われています。それらの問題は、経営の三原則である①トランスパレンシー（透明度）、②ディスクロージャー（公表）、③アカウンタビリティー（説明責任）を忘れたから起きた問題だといえます。逆に言えば経営は、この三原則を徹底すれば信頼を得られます。「クリーン・オネスト・ビューティフル」は、まさにこの経営の三原則について、わかり易く言葉を換えて言っているのです。

最近の大企業の不正会計問題で、利益が出ないのに無理やり出すように経営者が部下に命令していたという話がありましたが、利益が出ないのに利益を出せといわれれば、粉飾に走るしかなくなってしまうのです。やるべき時に経営者が的確な決断をし、社員の信頼を得ていれば、利益が出ないといって粉飾に走るようなことはないのです。最後は経営者に対する社員の信頼なくしては、不採算事業から撤退するという大きな決断はできません。

人事にしてもそうです。あまりおかしな人事をやると、社員がトップを信頼しなくなります。「なんで彼があんな仕事に就くの」とか、「なんで彼がそんなに偉くなるのか」など、社員が疑心暗鬼になります。経営者は身勝手な身内に甘い人事をしてはなりません。人事においても、社員の信頼を大事にしなければなりません。

不祥事などで社員の信頼を失った企業の経営者がまずすべきことは、社員からの信頼を取り戻すことです。しかし、信頼を取り戻すのは、簡単ではない。トップが、そのまま残っている限り、社員は信頼できないでしょう。「今まで、どれぐらい社員に対して、嘘ついてたんだ」と思われます。社員は総じて、上司に言われたことをきちんとこなすのですから、上司が信頼できないような会社は成り立たないのです。前に述べた「信なくして国立たず」という言葉は、国民の信頼あって、政治が成り立つという意味ですが、会社も社員の信頼があって成り立つのです。

夫婦関係も同じでしょう。不倫など悪いことをしておいて、「信頼してください」と言っても奥さんは、表面上は「もっとしっかりしなさいよ」というけど、絶対に許していないことでしょう。

私の経験から言えば、経営者と社員の信頼関係が喪失したら、まず社員の信頼を裏切った経営者は辞めるべきです。「自分は社員の信頼を失った」という謙虚さがなければならない。社員をクビにして自分が残るようでは、誰も信頼しません。そして、社外ではなく社内事情に精通している上級社員が信頼できる経営陣を選ぶべきです。社員の信頼を得られる経営陣であれば、社員の信頼をベースに物事が進むので、会社を良い方向に転換させることができます。

やはり、会社の経営を成功させるのは何か。その答えはそう難しい話ではない。経営者と社員の信頼関係、「心」の問題なのです。

目に見えるお金で買えるものは、大したことではありません。目に見えない「心」

の問題が大切なのです。社員の信頼は給料を上げれば良いものではありません。お金では買えないものです。一億円の給与をもらっていても、いったん相互の信頼関係を失えば、顔では友好的なふりをしていても「心」では信頼していないものです。

人間は金銭では代えられないモチベーションがなければ働かない。会社が自分に期待しているか、自分の仕事が会社や社会に貢献しているか、自分の仕事が上司の役に立っているか――。経営者は社員に対して、この三つの要素のどれかを充たす必要があります。例えば、権限委譲して任せるということも、経営者の社員への期待の表れです。社員がそれに応えて、「よし、やるぞ」と自らを奮い立たせればその社員も成長するでしょう。私は「これは」と見込んだ人材には、一〇〇%任せるようにし、余計なことを言わなかった。給与制度や採用などあらゆる既成のルールを、時には無視してでも行って良いし、私への報告だけは義務付けていましたが、即断即決で行って良いことにしていました。

部下の使い方と育て方は違います。肝心なのは、「心」です。部下は「心」で使うものです。良い時に真っ先に良い思いをして、悪い時に真っ先に逃げたら社員には信用されません。「どのような失敗をしても俺が後ろで支えてやるぞ」という心意気がないと部下は使えません。しかし、最近の日本企業からは、本当の意味で部下を使える人がどんどん減っています。経営者は部下の「心」を育てていく必要があります。それには社員と直接会話し、「心」をじわじわと社内に浸透させなければなりません。経営者が手本を示せば、自然に部下は見習うものです。

やはり経営は「心」です。社員全員が経営者と同じやる気を出して仕事に取り組む。本当の問題は収益構造の転換よりも、社員と経営者の「心」が一つになることです。経営者は、「クリーン・オネスト・ビューティフル」を実践し、社員からの信頼を得ることです。

伊藤忠商事は、自戒を込めて敢えて申し上げれば、経営者と社員が「心」を一つにして、二十世紀の終わりにしっかりとケジメを付けたことで、二十一世紀に社員一丸となって攻撃と実行に臨むことができているといえるでしょう。

第五章　「心」を鍛える

信頼・信用の根幹は「心」

国家や会社、恋愛や夫婦関係など、何事も信頼・信用を無くしたら上手くいきません。信頼・信用を得るにはどうすれば良いか、それは「騙さない、嘘をつかない」ことです。そして、信頼・信用の根幹は、「心」です。では如何にして、「心」は強く鍛えることができるのでしょうか。

前述しましたが、マハトマ・ガンジーは、人間の成長のための三つの条件として、①身体の鍛錬、②知識の鍛錬、③精神の鍛錬を挙げています。如何に精神を鍛錬するかは、約二五〇〇年近く前のアリストテレスや孔子の時代からの課題です。

如何にして精神、つまり「心」を鍛錬していくのか。それは「仕事」「読書」「人」の三位一体ではないでしょうか。つまり、人は仕事で磨かれ、読書で磨かれ、人と交わることで磨かれます。その結果として、「心」が鍛錬されるのではないでしょうか。

まず人は仕事で磨かれます。仕事の過程で、裏切られたり、裏切ったり、泣いたり、感激したり、そういう経験を経て人は成長するのです。

次に読書です。読書の良さは、時間と空間を超えて、本の中の全ての国の人と話ができます。ロシア人であろうと、アメリカ人であろうと、中国人であろうと世界中のどんな偉い人とも本を通じて話ができます。アインシュタインなど故人とも話ができる、こんな楽しいことはありません。戦争前の私の生まれる前の中国の各地の人々ともその時代の日本人とも話が出来るのです。やはり読書をして、自分自身で色々考えることで、「心」の汚れを取ることができます。

最後に、人は人と交わることで磨かれます。人同士が付き合うなかで、学ぶ点が多い。人は仕事で磨かれ、読書で磨かれ、人と交わって磨かれるという三つの要素が重なることで「心」は成長するのです。

人間のＤＮＡには、約三〇億の遺伝因子があり、そのうち九九・九％は誰でも同じであり、個体差は僅か〇・一％だという。ではなぜ人間は一人ひとりこうも違うのだろうか。これは、一にも二にも三にも努力の差なのです。自分の時間をどう使ったかなど、差がつく要素は、色々あります。教訓も様々ありますが、人間は、そのような教訓通りに動けるわけではありません。

それは、人間の中にある「動物の血」が騒ぐからです。我々は人間の仮面を被った動物なのです。それではいけません。平気で嘘をつく、人を殺すなど、悪いことをする人がいます。それはもう、人間ではない、人間の仮面を被っているだけなのです。自分をコントロールできるのが、唯一人間の人間たる証しなのです。自分をコントロールできなければ、人間の仮面を被っている動物なのです。犬猫と一緒。悪いことをしないから犬猫のほうが、まだましです。しかし、人間の形をして、人間の仮面を被っている者の中身は獣《けだもの》と同じです。いやそれ以上に恐ろしい野獣と言えます。

だから我々は人間の中の「動物の血」を自覚すべきなのです。人間というものは、いつ何時、気がおかしくなるかも知れない。戦争に行けば、精神状態は正常でなくジャングルの野獣と同じ、一種の狂人と化すものです。なぜなら、自分の恐怖心とかイメージというものがあり、それを巧みに利用する人たちがいるからです。彼らは「これをやらなくてはいけない」「やられたら死んでしまう」など、巧みにこちらのイメージや恐怖心を利用します。これは非常に悪辣です。人間の弱さ、イメージというものを巧みに利用するわけです。だから、正しいイメージが持てない世界に、住んでいること、それは非常に危険です。

例えば一言で中国人、ロシア人、朝鮮人などと言っても、我々は実際に会いもしない、確かな知識もないのにイメージだけで判断してしまいます。「ロシア人は信用できない、そう言えば第二次大戦が、終戦した時にも、彼らは戦いが終わってからも攻めてきて、日本人を殺した」など、そういうことだけは覚えています。それも七十年から八十年前の話です。

「今のロシア人に、会ったことあるの？」といっても会ったことはない。中国人にしても同じです。直接会いもしないのに、お互いに相当昔のイメージで話しているのです。

また、身近な人間関係でも「あの人はとんでもない人だ」と誰かが言うと、その一言で思い込みにより、その人のイメージが定着してしまいます。実際にその人がやったかどうか確証がないのに、万引きした前科があるという噂が流れると、実際問題として、本質とは全く違うにも関わらず、「この人はこういう人」というイメージが付きまとうことになります。

これは物凄くまずい。語彙不足と短絡的なわかりやすい言葉だけのイメージで、他人を評価してしまっています。

中国人やロシア人、朝鮮人などについて、イメージだけで先入観を持つのではなく、実際に中国などに直接行き、現地の人とコミュニケーションを取り、その国のことが書かれた本を読むなりして知識を深めていれば、「ちょっと待てよ」と思えるようになります。逆に「自分は、相手からどう思われているのだろう。もしかしたら相手も同じように思っているのかも知れない」と他者の立場に立って考えられるようになります。例えば、「丹羽さんには、会ったことないけど、みんな丹羽さんは、変な男って言っているよ」という話が広まると、人々のイメージがそのように固まってしまいます。会って話してもないため信用や信頼がなく、イメージだけの世界で「けしからん!」となってしまう。

お互いのことを知らないのに「ああだこうだ」と言われるのでは、もう最初から信用や信頼がないから、これでは上手くいくわけがないのです。

だからこそ私が「二十一世紀は心の時代」というのは、自分で「心」を広くして、「心」を強くしなければならないということです。自分で正しいイメージを持てるようにしないといけません。できるだけ多く歩き現地に行き、その土地の人と実際に接して、個人個人が自分なりのイメージが持てるようにしなければならない。自分のイメージを持てないことに、おいそれと乗ってはいけないのです。

この人は信用できると思えれば、その人の意見を聞き、自分の考えに役立てることができます。逆に信用できない人の意見を聞いて、自分がそれを信じてしまったら、嘘が真実になってしまいます。「嘘はばれなければ嘘にならない」という言い方があります。嘘が真実になるのと一緒です。嘘がばれないとしたら、それが事実になってしまうのです。しかし、「嘘はばれるから嘘」なのです。嘘は絶対ばれるものです。

しかし、嘘もばれなければ真実ということは、誰かが言ったことが嘘でも、バレなければ真実になります。中国人は「人を見たらすぐ、殺すぞ」「行儀が悪く食べ物は散らかして、唾を平気で路上に吐く」などと言ったら、それが本当かどうかわからないうえ、極端な例なのにもかかわらず、それがイメージとして定着してしまいます。

二〇一六年、アメリカ大統領選で共和党の指名候補となった不動産王のドナルド・トランプ氏にしても、実際にトランプ氏に話を聞いたわけでもなくその人間性はわからないのに彼の暴言などでイメージが先行してしまい、「トランプ氏はとんでもない」という印象が真実になってしまいそうです。

しかし、実際にその国に行き、現地の人とコミュニケーションをし、イメージとは違い温かい「心」の人と仲良くなったりすると、これまでのイメージが嘘だったことに気が付くのです。

これからの社会は、できるだけ自分でイメージを持てるようにしなくてはなりません。現場に行き、自分で確かめること、また読書で見聞を広めることは、「心」を鍛えることの助けになります。

昔のロシア人はどうかな、今のロシア人はどうか、などと考えながら、小説なり、新聞、雑誌などを色々と読み、自分のイメージをフェアに作っていかなくてはなりません。これが常識というものです。この常識というのは、実に難しいもので、自分が考えられる常識というものを磨いていくことが重要です。常識を持つためには、絶えず勉強しなければなりません。仕事もそうですが、絶えず色んな新聞を読み、雑誌を読み、いろんな人と会うことで、常識を磨く努力をすることです。

ある意味で、そのような努力が一番求められるのが商社で働く人々です。世界中を飛び回り、人と会って商売をしています。

色々なところへ行き、色んな人と会う。人は人で磨かれるというのは、まさにそういうことです。色んな、多面的なイメージを持てるようにします。自分自身で得た情報をこれから持たなければいけません。そのためにも一次情報を得ることが重要なのです。

瀬島龍三の教え

インターネットにしても、良質な情報もありますが、なかには嘘だか本当だかわからないようなくだらない情報もあります。そのようなくだらない情報にばかり接していると、それがその人の常識になってしまう。そこで、私がよく言っているのは、「二十年も同じところに生活すると、その色に染まってしまう」ということです。「あなたの色に染まりたい」という歌があるけれど、例えば商社に入ると、その商社の色に染まります。それはひょっとしたら、間違いかも知れない。だから自分の目で、一次情報を得る努力が大事なのです。

伊藤忠商事に入社して間もない頃、ニューヨーク駐在の挨拶に出かけた折、私に瀬島龍三さん（伊藤忠商事元会長）が、「君ね、もし問題が起きたら、すぐ自分で飛行機に乗って現地に行きなさい。お金なんかいくらかかっても良い。もしそれで文句を言われるなら、俺に言ってこい」と商社マンとして、一次情報を得ることの重要さをまだ二十代であった私に教えてくれたのです。今になって思えば日本軍参謀であった瀬島さんの自戒的教訓としての「すべては現場に宿る。一次情報を大事にせよ」の言葉であったかと思います。

私は、商社マン時代に一次情報の重要性を痛感しました。アメリカに駐在していた時に大相場で負けて、穀物相場で四〇〇〇万〜五〇〇〇万ドルくらいの損失を出したことがあります。これは二次情報を信用しての失敗でした。

なぜ二次情報を信用したのか。当時のニューヨーク・タイムズの一面に「今年は深刻な干ばつになる」という記事が出ていたからです。それも如何にも雨が全く降らずに穀物が枯れて砂地になり、そこで農民が畑に手を突っ込んでいるような写真付きで報じていました。外国人の私などは「なるほど、このようなことがあるのか。干ばつが続き、大豆相場が高騰するだろう」と確信し、どんどん買い込んでしまいました。

しかし、今度は雨が降ってきたのです。このくらいの雨では干ばつは終わらないような報道があるなかで、アメリカの農務省が、「今年は大豊作になる」という予想を発表したのです。一転して相場は一気に暴落しました。この時に思ったのは、新聞記者というものは、やはり自分の出世のために、嘘でも書くことがあるのだということです。嘘ではなく一面的な真実かも知れない。しかし、その一面的なことを、あたかもアメリカ全体に大干ばつが来るかのように報じていました。犬が人を噛んでもニュースにはなりませんが、人が犬を噛んだらニュースになります。つまり一面的な特殊な話をメディアは報道します。それを鵜呑みにしてはならないのです。

私が出した損失は、当時は一ドル三〇八円で、日本円に換算して約一五億円であり、その額は当時の会社の税引き後利益に匹敵するものでした。辞表を出そうかと迷っていたが、そのような時に東京の食料部門の上司だった筒井雄一郎さん（伊藤忠商事元専務）が、「一切隠し事はするな。全て会社に報告しろ。お前がクビになるならその前に俺がクビになる」と明るい声で言ってくれたのです。筒井さんの信念は「上司にも部下にも取引先にも妻にも嘘はつかない」というものであったので、私は事の経緯を嘘偽りなく会社に報告して、筒井さんが本社からの叱責の矢面に立ってくれました。この体験が私の「クリーン・オネスト・ビューティフル」という理念実行の原点の一つでした。

その後、まだ含み損の段階なのでなんとか挽回しようと考えました。二次情報を信じた自分を反省し、新聞報道や一人か二人が言うことを信じてはだめだと考えるようになりました。その後の三カ月ぐらいの長期予報を自ら調べました。地方へ電話したり、現地へ行ったり、私設の天気予報会社とも契約をしたり、あらゆる情報をとり分析しました。そこで、その年の終わりに寒波が来ることがわかり、その情報にかけました。すると実際に寒波が来て、相場は急騰、含み損を解消し儲けることができました。

その次の春になったら、また「大干ばつが来る」と報じられました。「よし、今度はもうニューヨーク・タイムズに騙されないぞ」と、すぐ週末に飛行機に乗って、レンタカーを借りて現地を回りました。カンザス州の現地に着いてみると畑は青々としていました。干からびて砂地になっているところはどこにもないのです。

「なんだ、前と一緒じゃないか」とわかり、皆が干ばつにかけて買っているなかで、うちは「買ってはだめだ」といって買わなかったので、全く損をしませんでした。いつも上手くいったわけではありませんし、自慢話のようで気分の良い話ではありませんが本当の話です。

やはり一次情報を大事にしなければなりません。どれほど有名な人が言っていても信用してはならない。株や為替のストラテジストやアナリストの年初の予想が、年末に読み返してみるとほとんどがはずれていることも多くあります。その専門家の予想を読んで買って損をした人も大勢いるのです。

大事な情報はやはり、自分の目で見てみる。あそこは干ばつだ、あるいは大雨が降った、災害があった。その場合、まず現場に行くことです。人から聞いたら、それは二次情報です。

例えば、「中国は今、こんなことになっていますよ」と評論家が言っていたとして、「それは本当か」。自分が今まで知っている常識から言うと、そんなことはありえない。そこまで言うのなら、やはり、すぐに飛んで行く。いざとなったら電話やメールではだめです。直接会って話をする。飛行機代や宿泊費など、かかる額は知れています。

だから私は、新入社員にも「すぐに現地に行け。瀬島龍三さんも私にそう言っていたよ」という話をするのです。現地に行き、上司から「すぐ帰ってこいよ」と言われて「はいはい」と答えても、一晩余分に飲んで帰ったりします。しかし、その一晩余分に飲んだところで一次情報を得ることが大事な場合もあるのです。

自分の常識を磨け

「心」の時代とは、言い換えれば信用の時代です。一番信用できるのは自分のイメージです。だから自分のイメージや常識を形成するためには、できる限りの情報を集めることです。そのためには、仕事も大事、人と会うことも大事、読書も大事です。

いつも、いつも現場の一次情報と言うわけにはいきません。小さなことならば二次情報を信じても影響は少ないから良いですが、大きなことはそれを信じることの損失も計り知れません。そのためには自分で現地に行くことです。専門家を信用してはいけない。自分の常識から見てどうかと思う時は、いったんは疑ってかかれということです。そして何らかの方法でチェックすることです。特にリーダーは、そういう自らの常識を磨かないといけない。現場を見る一次情報を集める努力をしていれば、大きな失敗はないのです。

会社と家との間を伝書鳩のように行き来しているような生活をしていてはだめです。いつの間にか常識が非常に狭い範囲のものになります。世界中を飛び回る仕事に従事していない人でも、本を読むことや異業種の勉強会などに参加し、色々な人に会って話を聞く。そうすれば色々な世間の常識が入ってくるのです。

ところが伝書鳩みたいな生活をしていると、この狭い常識で全てを考えるわけです。そうすると、新聞記事などを「そうかそうか」と鵜呑みにしてしまう。自分の常識が広ければ、「ちょっと待てよ」と立ち止まって考えることができます。だから広い常識を持つことが重要です。一番大事なことは、まずは自分の常識を磨くことです。

二十一世紀は大変難しい時代です。今までとは違う。ビジネスにしても国境を越えてグローバルになり、全て規模が大きくなった。規模が大きくなれば、失敗した場合の影響も計り知れません。新入社員がやっている程度の仕事であれば、本人たちは大変でも上から見ればちっぽけな話です。ある程度、リーダーに近くなるとそうはいかない。このような時代を生き抜くには、やはり「心」を磨くことが重要です。「商売道」のように全ては「道」が重要であり、本道を歩かなければならない。だからこそ、「心」を磨くことです。二十一世紀は「『心』の時代」なのです。

感激、感動の共有

「心」から癒される、「心」の欲求が満たされるとは、どういう時だろうか。私は、仕事にしてもスポーツにしても、同僚やチームメートと感激、感動を共有した時ではないかと思う事が多い。男子ラグビーのワールドカップで、強豪の南アフリカに勝利した瞬間、また男子サッカーのブラジル五輪の予選で五輪出場を決めた試合など、印象的なスポーツの試合がありましたが、純粋に選手が勝利を万歳して喜ぶ、観客が

「日本が勝った」と大喜びする。このように皆で喜びを共有することこそが、「心」からの感激、感動だと思います。

私が伊藤忠商事の社長時代に一番感動したことは何かと質問されたら、やはり「社員と一緒に涙ぐむほど喜ぶことができたこと」です。それは経営者にとって至福の時です。このために経営をしているのではないか、このために生きているのではないかとさえ思えました。自分だけ高給をもらって喜んでいるようでは、「下劣」です。給料は少ないよりも多い方が良い。しかし、そのことに毎日のように感激、感動して生きる喜びがあるのでしょうか。お金よりも、美味しいものを食べて美味しい酒を飲んだ方が生きる喜びがあります。最終的には金とか物ではない、やはり「心」です。「心」を満たすのは何かというと、涙が出るほど感激した経験です。

私が社長の時に、何度も経営会議に新規事業の計画を出してくる部長がいて、三回も駄目だと、戻したことがあります。普通なら三回戻すと、もうその企画は出さないものです。しかし、その部長は諦めずに四回目を出してきた。

そのとき私は社長として、「わかった、君ね、これだけやって、なおやりたいというなら、その情熱を買うから、失敗したら俺が責任を取る。やってよろしい」と決定しました。

それが彼にとって嬉しかったかどうかです。その部長は、安堵して嬉しそうに自分の部署に帰ります。その帰るまでの間に誰かが部員に連絡したのか、彼が席に戻ると皆が立ち上がって、拍手するわけです。私は、その話を聞いて、「心」から感動しました。その本人はものすごく嬉しかっただろうし、部員全員がその喜びを共有したのだと思います。

これだけ苦労して、これだけ徹夜して資料を作って何回提出しても戻される。丹羽社長が意地悪にノーノーと言って、いつになってもＯＫしない。内心では「もうあの野郎、殺してやるぞ」と思うくらいだったかも知れない。しかし、社長としては、会社としても大きなプロジェクトなので失敗するわけにはいかない。「直して来い」と戻して、再提出の企画をみても「無理かも知れない」と思いましたが、「その情熱、やる気にかけた」のです。それでも失敗した場合には「社長が責任を取る」というわけです。

なぜ私が、その企画を通したかというとやはり「心」です。事業そのものがOKになったというだけではない、その根柢に流れている皆の力があり、その「心」の共有に対してOKを出したからこそ全員の感激、感動があったわけです。

ラグビー日本代表の南アフリカに対する勝利もそうです。負けると思われたのに、最後の最後で勝った。あの瞬間、鳥肌が立つほどの感動を覚えたのです。苦境の中で、光がぱっと差す瞬間。これは人知を超えた神の力なのか、五郎丸歩選手の努力なのかわかりませんが、そこに流れる「心」の絆というか、共通の「心」の感動を共有するわけです。それこそが、人生の究極の喜びではないでしょうか。生きていてよかったと思える瞬間です。自分が生きていなければそういう目にもあえません。

だから、自殺したいという人に私が言いたいのは、どのような苦境にあっても、死ぬまでそういう「心」からの感動に巡り合うチャンスはあるということです。だから死ぬな、努力しろ、努力を重ねれば重ねるほど、できた時の結果ではなく、その時の一緒にやってくれた人との共通の感激が大きくなる。普通にやってすぐにＯＫが出るようであれば感激などしません。勉強がものすごくできる人が普通に勉強し、希望の大学に入った、それではあまり感激しない。もう絶対入らないと思われるような人が一生懸命勉強して、その結果受かったら、これは、ものすごい感激があります。お父さん、お母さんも、とても喜ぶでしょう。本人にしてみれば、お父さん、お母さんが自分以上に心配してくれたと、それを喜ばせることができたという「心」で、本人はさらに感激するわけです。

ここで「人間は何のために生きるのだろうか」という命題に戻ります。人によっては、美味しいワインと食べ物を楽しむ時が「いやー、これは本当に幸せだ」と思う瞬間かも知れない。でもその都度欲望という、あるいは「心」の渇きを癒すのはそれが神のおかげなのか自分の努力なのかはいろいろあるでしょう。しかし、人生いつまでも残る本当の幸せは究極のところは、お金でも食べ物でも、女性や男性などの異性でもない。要するに感激、感動を共有することなのです。

生きる喜びとは共有することです。例えば奥さんと二人だけ、家族だけで共有しても良いのです。人を感激させて、人を本当に「心」から喜ばせることができたということが大事です。

年代や環境ごとに生きる喜びは一杯あります。だからみんな必死になって生きることです。「心」というものは、共有の喜びの積み重ねにより成長していくのです。

逆に喜びを得られずに失敗して涙を流した経験によって、失敗した人の気持ちがわかるようになります。失敗した人が一生懸命またやり直している姿を見て感激するわけです。失敗の経験、苦い経験をたくさんすればするほど、「心」は育って、成功した時の大きな喜び、感激に変わるのです。野球にしても、常勝チームが優勝してもあまり、感動しません。どん底から這い上がってきたチームが優勝することに、感激するのです。

最後まで努力する

「心」を成長させるのは、小さい時は本当に一〇〇点を取り、お母さんの喜ぶ顔を見たいというだけかも知れません。しかし、大きくなるに従って感激、感動の対象が広がって深くなっていくわけです。人間は、そうやって「心」が鍛えられていきます。

私は、いつも成功している人はその分感激、感動が薄くて、可哀想だと思います。だから失敗を恐れるなと言いたい。失敗すればするほど、その後の感激がいずれ大きくなります。だから、「心」からの感激、感動を得るために努力しなければなりません。

前述したように人間のＤＮＡは九九・九％が同じ。人間の個体差は〇・一％しかない。その〇・一％の中で自分の遺伝子と実際の努力がミート（一致）することがあります。

仮に大リーガーのイチロー選手が経営者になっても全然ミートしないかも知れません。それでは経営者のＤＮＡがあるのかという議論になりますが、私は、もしかしたら、現在では非科学的な考えですが、ＤＮＡは、努力次第で変質するのではないかと考えたいと思います。

また非常に後ろ向きの暗い性格の人がいたとして、その人が三十代頃になると、非常に明るくなることがあります。現在の脳科学では解明されていないが、個体差は、永遠に変わらないわけではなく、ＤＮＡの編集をしなくても変わる可能性があるのです。その気になればあり得るということです。「笑う門には福来る」で笑えば笑うほど人間性格が明るくなるというようなことも一例です。

私自身、小学校まで優等生で、音楽から図工から何から何まで、六年間全部「優」でした。先生の言うことは素直に聞く大人しい子供でした。どんなに音楽が下手でも「優」を付けたくなるような真面目な子でした。

しかし、中学校に入ってからガラッと変わりました。大人しかったのが、生徒会だとかを積極的にやるようになりました。そのまま高校、大学に行き、学生運動に参加したりしていました。大人しい人間もどこかで変わるのではないか。そのような人は私だけではありません。例えば、高校時代に変わる、大学や会社に入ってから変わるなど色々な人がいます。

自分がこういう人間にならなくてはいけないと思ったら、そういう努力をすれば変わるのではないか。ほとんどの人が同じＤＮＡを持っています。それで成功するか、しないか、また感激、感動する体験をできるかどうかは、努力以外ないのです。

同じ勉強をしていても「彼はできて、自分はできない」という人がいますが、それはその人の努力が足りないのです。できる人は、あなたが知らないところで努力しているのです。努力しないで、優秀であるなんてあり得ません。物理的にあり得ない。勉強もしないで何もやらないで、知識が増えることはありません。

机に座っているだけではだめです。集中力を持って、知りたいと思うことを勉強することです。知りたくないことを嫌々勉強をするからだめなのです。これが好きだと思えば、それをとことんまでやって欲しい。英語が大好きなら英語ばかりを勉強します。受験中は、あと二科目くらい余分に勉強すれば良いのです。英語で一〇〇点を取れば、あとがあまりよくなくても合格点に達する可能性があります。そのように自分の好きなものを見つけて、勉強すれば必ず努力は報われるはずです。

私の心がけている例です。アメリカ駐在時代に農業史について書いていたのですが、その時に本屋にあるアメリカと名の付いた本を全て買いました。いくらかかるかなんて関係ありません。ワイフには、「夜の世界で使うよりいいだろう」と言って本を買い漁りました。一つの本を書くのに、すごくお金を使う。そのくらいの努力をするべきなのです。
私の何十年という人生体験から一〇〇%間違いないのは、「努力していないように見えるけど、できる人はやはり人知れず努力をしているのだ」ということを学生諸君によく話します。だから努力しかないのです。そこで差がつくのです。学生諸君には、DNAの九九・九%は同じなのだから、あとの〇・一%は努力するしかないと伝えたい。人間は、努力以外に差はつかないのです。

「心」を鍛錬するには、最後まで諦めずに努力するしかないのです。生きている限り、感激、感動を何度も味わう機会が絶対にあります。この経験をすれば、もうやみつきになって、もっと大きな仕事で、もっと大きな感動をしたいと思うものです。そして、大きな失敗をしても這い上がってくることで、より大きな感動を味わえるわけです。努力なくしていつも勝てるような状態では感激なんてしない。「心」の成長というのは、そういう成功と失敗の積み重ねのなかで大きく強いものになるのです。

「心」の病にならないために

これまで「心」を鍛えることを中心に書いてきました。しかし、人間なので、「心」を病むことが当然あります。「心」を病んでしまった人のケアはどのようにすれば良いのか。まず、とにかく「人と話すこと」です。人間は、人と話すことで、ストレスをためずにすみます。

しかし、人と話すと言っても誰に話せば良いのか。ビジネスパーソンの場合、仕事の悩みがもとで、「心」の病になる人がいます。その場合、同僚や友達に相談しようと思っても、相手が、自分を競争相手だと思っているかも知れず、なかなか難しい。奥さんや旦那さんに相談しても、仕事のことはよくわからないので、具体的な対処法を教えてもらうことはできないでしょう。

そこで、もっとも良いのが、キャリアカウンセリングに相談することです。私は、一九六八年から九年間、アメリカのニューヨークに駐在していましたが、アメリカには、多くのサイカイアトリスト（PSYCHIATRIST）精神科医が存在し、大きなアパートには必ず一人は精神科医の標識が出ておりました。当時、ベトナム戦争の最中ということもあったかも知れませんが、アメリカでは、人間の「心」の問題について、日本よりも重要視しているように感じました。

日本でも最近、キャリアカウンセリングが普及しており、カウンセラーに話を聞いてもらうことが「心」を痛めている人には有効です。カウンセラーは定年退職している人も多くなるはずです。自らが仕事の経験をしているので、色々な話を聞いてもらえます。また同じ境遇にある人と話をするのも効果的です。人間なのですから、「心」を痛めてしまうことはあります。それが悪化して、病になる前にキャリアカウンセリングの方々と話をするのも得策です。

心配しないで「人と話すこと」です。人と話したくなったら、インターネットで調べて勇気を出して一歩前へ踏み出すことです。人間の「心」は必ず強くなっていくものです。

第六章　リーダーの「心」

二十一世紀は心の時代――。私は本書の冒頭でこのように述べました。これまで教育、社会、会社、経営などの色々な場面での「心」の重要性について述べてきましたが、「心」もまた時代に合わせて、変わっていくものです。現在の日本社会の閉塞感を打破するためにも、国民一人ひとりの「心」も時代背景の影響を無視する事は出来ません。

日本の危機の縮図「名古屋」

二〇一六年五月十七日に名古屋で、名古屋青年会議所の若い経営者たちが主催した「ものづくりを支える日本～イノベーション　人と技術の融合するまち～」というシンポジウムでの基調講演に出席致しました。「名古屋駅前集中」「経済のトヨタ自動車依存」など、名古屋が抱える問題は今の日本の縮図だといえます。二十一世紀のリーダーが持つべき「心」についても話をしました。

名古屋は、私のホームタウンです。名古屋市で本屋の息子として生まれて、大学卒業までを名古屋で過ごしました。私の就職活動の条件は、「名古屋以外で働けるのであれば、どこの部署でも良い」というものです。家族や周囲から、「こんな良いところに住んでいて、なんの不満があって、東京に行くのか」と言われました。

しかし、名古屋にいると周囲の人々から、「この間、丹羽さんの息子さん、女の子と手を繋いでいたよ」「パチンコ屋に行っていたよ」などと言われ、次第に「うるさい」と思うことが多くなりました。世間が狭いのは、名古屋の良いところであり、悪いところです。私は、「しがらみを断ち切り、自由に自分のやりたいことをしたい」と思い、名古屋以外での就職を希望しました。伊藤忠商事に入社した後、東京、ニューヨークなどで働きましたが、甘えが起きてはいけないと思い名古屋では一度も働く機会はありませんでした。

最近、名古屋は本当に大丈夫かと心配しています。名古屋では、「名古屋駅前とそれ以外」「トヨタ自動車関連とそれ以外」という二つの格差が生まれようとしています。名古屋駅前にどんどん会社も人も集まり、駅前は大混雑です。東京駅よりも混んでいるのではと思うくらいです。今度、駅前に名鉄を中心とした再開発ビルの計画もあるようで、さらなる駅前集中が進みそうです。

一方で名古屋経済は、トヨタ自動車以外に何があるのでしょうか。名古屋は「もの作り」の集積地と言われますが、最近では、中国やタイなどへの製造拠点の移転もあり、かつての工場はマンションなどに建て替わっています。

「名古屋駅前」「トヨタ自動車」など、一カ所に集中していることは自然災害だけでなく、経済的に見ても極めて危険です。これは、東京にも言えることです。産業史で一つの企業が五十年以上トップを走り続けたことはほとんどありません。なぜか。それは人間が経済を動かしているからです。人間には「動物の血」が流れています。どんなに偉い人でも組織体でも、いずれ傲慢になります。このことを私以上にトヨタの幹部の方々も大変心配しておられるはずです。

かつて「尾張名古屋は城でもつ」と言われました。今は「トヨタ自動車でもつ」と言って良いでしょう。これは私の持論ですが、簡潔に言えば木曽三川（木曽川、長良川、揖斐川）が名古屋に非常に幸運をもたらしました。木曽三川は、名古屋に沖積層

から三角州を作り、無から有を作るように尾張の人たち、近辺の人たちに無償の土地を提供しました。その結果、木曽三川を中心にいろいろな物資が下流に運ばれ、それにより尾張の人々の暮らしは、大変豊かになりました。分かり易く簡単に言えば織田信長、豊臣秀吉という非常に稀有な歴史上の有能な人材にも恵まれ、「人」と「金」が付きました。徳川幕府が、このまま放っておいたら、人とお金で強力な藩となりかねないと考え、お金を芸事に使わせようとしました。そのような経緯から名古屋は残念ながら、「人」と「金」を生かしきれなかった。しかし、名古屋の強みは何か、それは明らかに「人」と「金」です。明治以降もこの流れは変わりませんでした。

名古屋の最大の経済失策は、名古屋で稼いだ金を、ほとんど東京に投資してしまったことです。名古屋で儲けた金を名古屋で投資しなければ、名古屋は発展しません。しかし、せっかく稼いだ金が、東京に行ってしまいます。このような政策をずっと続けているのです。お金を東京へ東京へと持っていくような銀行では駄目です。地方銀行は、名古屋に投資するようにしなければなりません。如何にグローバル化した時代に合わせた名古屋を作り出すかが重要です。

「心」はガラパゴスのまま

これからの世界はどう変わっていくのか、そのなかでトヨタ自動車の次に来るものを考えるべきなのは、当然のことです。

人をどう育成し、有能な人材を輩出しながら、イノベーションに結びつけていくのか。そして、名古屋の人の精神や「心」はグローバル化していくのか。物のグローバリゼーションはありますが、「心」は相変わらずガラパゴスです。グローバリゼーションされたなかで名古屋の精神をどう育てるのか。名古屋の「人」と「金」を使い、新しいイノベーションをどう起こしていくのか。グローバリゼーションの中で名古屋を支える人材をどう育てるかが、重要な問題です。これからの日本も同じです。どうするのか。それはやはり「人」と「金」です。人をどう育てて、新しいグローバリゼーションの時代の構造変化の中で名古屋経済を如何に適応させるか、その方策が全く見えません。

名古屋で儲けた金をどう名古屋に投資するのか。それは人に投資することです。前にも書きましたが、海外に三カ月でも留学させるなどして、人材をグローバル化に適応させていくことが必要です。「心」はガラパゴスのままというのは名古屋だけでなく、日本社会にも言えることかも知れません。

「ポジティブリスト」から「ネガティブリスト」へ

名古屋は、日本のシリコンバレーを目指すべきだと考えます。そのためには、ポジティブリストからネガティブリストに変えることです。シリコンバレーはネガティブリストです。やってはいけないのは「これとこれ」と決めて、後は何をしても良い。ポジティブリストは、名古屋が得意とする官僚的な発想で「これはやって良い」ということを決めるリストです。これからの技術はネガティブリストからしか生まれない。シリコンバレーのようにだめと決めたもの以外は何をやっても良いという風にしなければイノベーションは起きません。

名古屋の産学官の連携の仕組みを作る必要があります。名古屋大学を知の拠点として、名古屋市、愛知県庁、中小企業と大企業などが情報交換の場を作らなければならない。中小企業は付き合うのも地方の中堅銀行、大企業は、大銀行といった形では今までと同じです。これをぶち破らなければなりません。産学官銀が中小企業を中心として、場の提供は官がやるという風に具体的に一歩を踏み出さなければなりません。

では、誰がお金を出すのか、大企業はお金を出すのか。大企業ほど制限が厳しいので難しいでしょう。若手経営者の集まりである名古屋青年会議所が、その中核的な役割を果たすべきだという話をしました。自分たちでやるという覚悟が必要です。それくらいの覚悟で口より実行で、一歩を踏み出さなければなりません。一歩前進すれば景色が変わる、またさらに進むとより景色が広がります。何もやらなければ、今の生活は何も変わりません。今日できないものは明日もできない。やると決めたら、今日からでも明日からでも一歩踏み出すことです。さもなければ、皆さんの生活もみなさんの会社も何も変わりません。

「心」のグローバル化

ＡＩ（人工知能）の急速な発展は、決して侮ってはいけません。ＡＩは、紛れもなく産業を変えることになります。二十年後、三十年後には、今とは全く違うＡＩの使われ方がされて、産業地図は激変しているはずです。人間の「心」のないＡＩの危険性はあるにしろ、ＡＩの進歩は必然的なものであり、しっかりとしたネガティブリストを作り、ＡＩをさらに発展させていくしかありません。

新しいＡＩを中心としたイノベーションをどのように作り上げていくのか。それを名古屋で起こさなければいけません。そのためにまず「人」をどう育てるか、イノベーションをどう起こすのかが重要です。お金の問題は後からついてきます。そのために人間の「心」をグローバル化しなければなりません。ＡＩやインターネットを中心としたイノベーションをどう起こすか、そのことが名古屋で起きないことはないし、起こさなければなりません。今までの発想で、駅前集中、トヨタ自動車への依存だけ

では、世界の経済にはついていけません。

これは、名古屋だけの話ではありません。東京への一極集中にしても、日本人はまず「心」のガラパゴスを打ち破らなければならないのです。そして、国際的なイノベーションの流れに敏感になり、それに適した「心」のグローバル化が必要です。昔の成功体験は、捨てなければならないのです。

基調講演の後にいろんな方とのトークセッションがありましたが、私が一番名古屋に対して辛口だったと思います。強い口調で話したのも、故郷の名古屋を愛するがゆえです。日本のシリコンバレーになるべく、名古屋青年会議所のメンバーが中心になって行動を起こしてほしいし、そのために私もできる限りのサポートをします。

講演が終わり、夜九時半頃にタクシーでホテルに移動しました。中心街の大通り公園にある名古屋テレビ塔の前を通りました。昔は、まわりに高い建物もなく、名古屋のシンボル的な建造物でしたが、今ではすっかり高層ビルの中に埋もれてしまいました。大学時代に学生運動でテレビ塔の下でよく集会をしたものです。広小路通りや錦橋の周辺には、博多のような屋台街があり、当時よく飲みに行ったものですが、その面影は既になくなっていました。名古屋駅前の高層ビル街を眺めながら、改めて駅前集中の現実を感じたものです。

リーダーは身を削ってやるもの

名古屋青年会議所主催のシンポジウムは夜の七時からでしたが、この午前中には、四日市で高校生の皆さんに講演をしました。伊藤忠商事の会長を二〇一〇年三月に退任し、同じ年の六月に中国大使となりました。二年六カ月あまり、中国の北京で暮らし、二〇一二年一二月に退官しました。中国大使退官後に、これからは趣味の読書でもしながら、ゆっくりとした時間を過ごすことができると思ったのですが、頼まれたら断れない性格もあり、テレビ出演や本の執筆、大学での講義、日本全国での講演などで、慌ただしい日々を続けています。四日市の講演は、知り合いに頼まれて断れずに引き受けましたが、一〇〇〇人を超える子供たちが大講堂で体育座りなどをしながら、私の講演を熱心に聞いてくれました。

私は現在、伊藤忠商事の名誉理事ですが、講演の際に移動する時は、電車や地下鉄、タクシーを利用しています。健康のためにも良く、不自由を常と思えば不足なしです。社有車は使用していません。伊藤忠商事では、相談役は、二年間の任期のみです。七十五歳を超えた社長ＯＢの社有車の使用を廃止しています。

これも私が伊藤忠商事の経営者の時代に、赤字を出した時に反対にあいながら、社長ＯＢの社有車の使用は七十五歳以上になれば廃止し、必要時はタクシーの利用としていただいたからです。それまで伊藤忠商事では、歴代社長の給料を終身まで払い続けていました。また社有車を社長ＯＢには、亡くなるまで用意していました。多くの給料を社長時代にもらっている社長ＯＢが、亡くなるまで給料が保証され、車の送迎があるのでは、社員に説明できません。

私が七十五歳以上の社長ＯＢの給料支払いと社有車の使用の廃止を決めたときに反対した人もいましたが、皆さんには給料辞退に応じていただきました。リーダーは、会社の危機に際して自ら身を挺して、社員たちから信頼を得なければなりません。

リーダーの辞め時

リーダーの役割とは何か。それは、できるだけ人を育てることです。リーダーたるものはまず自分を捨てなければなりません。某元知事のように公私混同はどんなことがあっても許されません。リーダーは組織の代表であり、どんな理屈を言っても個人生活はない。リーダーというのは、嘘をついてはいけない、逃げてはならない、そして最終責任を取らなくてはなりません。リーダーはあくまで、人のため社会のため国のためなのです。その覚悟なくしてリーダーを引き受けてはなりません。残念ながら家族もそれを容認しなければなりません。

そして、リーダーは長くやってはいけない。あちこちでリーダーにこだわって八十歳を超えても経営者であり続けている人もいます。「俺が経営しなければ会社が傾く。今の若い者には経営はできない。俺がやるしかない」と思う人もいるのでしょうが、これは驕りです。若い人たちはその時代に合わせて経営をしていくものです。自分が社長になった時や経営陣に入った時から、経営者の候補を育てず、むしろライバル心を剝き出しにして潰してきたことが悪いのです。

私は伊藤忠商事の経営を任された時も、中国大使としても、死んでも良いという覚悟で取り組んだとはっきりといえます。リーダーは命を懸けてやるものです。プライベートの時間も少ないですし、長くやること自体物理的にできなくなります。命を懸けなければ、本当の改革はできません。だからこそリーダーは長くやってられないのです。

そして、惜しまれつつ潔くリーダーは短期間で辞めることが最大の花道です。どんな甘言にも最終章で「動物の血」に心迷うことなく自らの「心」の強さを泰然自若として示し、時が来たら、バトンを次の世代に確実に引き継いでいきたいものです。

おわりに

この本を書き終えて、筆を置いても、なぜかすっきりしない。幾多のことが私の「心」に、なお残っている気がします。それほど人の「心」は大きく深く揺れ動くものではないでしょうか。青い鳥は、どこかにいるのではなく、PANACEA（万能薬）は存在しないのです。

我々は、これからも幾度も日々の生活の中で「心」の中でこうつぶやくことがあるでしょう。

「ばかにするな」――。他人はあなたのことを、そんなに気にもしていません。本人が思うほど、あなたのことなど考えてもいないのです。

「偉そうにしやがって」――。自分がどう見られているか。我々は、自分の格好を良く見せることに一生懸命ですが、他人は、偉そうなあなたなど、それほど気にもしていない。

「なぜこんなことをやってくれないの」——。不自由を常と思えば不足なし。そんなことまで期待する方が間違っています。他人や家族に期待しすぎ、自分のことは自分でやりなさいということです。

「俺は十分自分なりに働いた。君たちの今があるのも、俺のおかげじゃないのか」——。みんな各々、十分働いたのよ。あなただけではないでしょう。昔偉くても、それが終われば普通のおじさん、おばさんです。

このように人間の「動物の血」の騒ぎ、消し難い血について書き連ねれば、際限なく走馬灯のごとく自分の過去のつぶやきが頭に浮かんできます。

神はいつも優しい弱い者の味方です。確かに人間でも、「強くなければ優しくなれない」という言葉があります。それは神が万能の強さがあるからだという人がいます。強者なら、時には優しくなれるかもしれませんが、神ならぬ人間は、強くなるほど弱者の味方とならず、傲慢になる人が多いのです。やはり「獣の血」が頭をもたげるのです。弱肉強食のジャングルと同じです。

人は簡単には円熟した「枯れた心」や、物事に超然とした悟りに近い「達観の心」「解脱の心」に到ることはできないようです。

世界の混迷は、ますますひどくなっています。人々はこの混迷の世界を、どう生きていけばいいのか。「錦を着てても心はボロ」の人もいれば、「ボロは着てても心は錦」。どちらが良い悪いではありません。「動物の血」と「神の血」の中間が良いと人間は狡賢くそう思います。でもそうであってはいけません。

それでは君ならどう生きるか。清・正・美、日々の研鑽の積み重ねの心の美しさは、付け焼き刃の虚像とは違います。体からしみ出るものであり、目、顔、姿、歩き方、話し方にさえ、食事の仕方にさえ表れます。怖いもの、それは「心」です。

豪邸、高級車、高価な洋服は虚栄心の塊です。こうしたものは「馬子にも衣装」の自己満足程度で終わりであり、これみよがしの傲慢な心と品性下劣の蔑視で終わるのです。

我々は人生、そうした惨めな「動物の血」に負けることなく、終わることなく心を鍛えていくことです。まず年齢に関係なく、これぐらいが自分の能力の限界だと思うことなく、「ネバー・ギブアップ」で、最後まで決して自分に負けない、ある意味での日々の「心」の「戦い」を始めてみようではありませんか。

「心」＝「仁」を豊かに強く大きくするにはどうすれば良いのか。いかに自分に負けない克己心を強くするのか、何千年の昔からこの哲学的なテーマに対する答えを模索する倫理観が存在しています。

孔子は、儒教における五常九則を説いていたようです。まず五つの徳として「仁・義・礼・智・信」の「五常」を説いています。これはリーダーの徳目です。リーダーたるものこのようなことを気をつけなさい、そうすれば心が強くなるという心得です。そのなかの「仁」は人の「心」を意味します。「仁」は個人を超えた社会に対する愛を意味する倫理観です。「心」は「仁」だけを意味するのではなく、広い意味では仁義礼智信の総合体を表します。これはまさに私の言う「クリーン・オネスト・ビューティフル」、「清・正・美」です。人の美しさ、嘘をつかない、正直をなすということを言っているのです。

次に「九則」です。これはリーダーの徳目として、「温」「良」「恭」「倹」「譲」「寛」「信」「敏」「恵」という九つを挙げています。この孔子の五常九則の他に「五倫」があります。これは、「君臣」「夫婦」「兄弟」「父子」「朋友」です。

要するに五常九則五倫などを総合と考えて、時代時代に合わせ、各々と心の成長を表しています。

また武士道には十則があります。「義」「勇」「仁」「礼」「誠」「名（名誉）」「忠義」「品性」「克己」「刀」です。これは新渡戸稲造の『武士道』を中心にいろいろな所で、武士の心構えが述べられています。特に人を殺すことのできる刀の重さを知るという意味で一般人とは違う徳目です。つまり武士が職業とされ、武士階級に伴う義務が定められた口伝による不文律でした。「義」は武士の掟の最大のもの。「勇」は、正しいことを成す本義、「仁」は人を治める最大の条件、「礼」は正常なることへの尊敬。「誠」は真実性と誠意。「名誉」は身分に伴う義務、「忠義」は目上への服従、「品性」は、人としての美しさ、「克己」は、感情を表に出さない。「刀」というのは武士の魂。

昔は、五歳になると武士の服装一式をつけて、碁盤の上に立って、真剣を腰にさして、初めて武士としての資格が認められました。これが武士道の十則です。

五常九則五倫にしても武士道の十則にしても、人の「心」を鍛えることを述べているのです。たしかに「心」を鍛えるＰＡＮＡＣＥＡはありません。しかし、我々は、これからの日々、家の中で、電車の中で、街角で、会社の中で、あらゆる生活の中で勇気を出して二つの小さなことを自分の「心」に忠実に実行することから始めてみたいものです。この二つのことは、やってみなければわからないのです。やらなければ、あなたは、これからも何も変わらないまま人生を送ることになることは、一〇〇％間違いないでしょう。それでは、あなたの人生はいかにももったいない。もっと自分の「心」を時間を大切にして育て生活して下さいと心から願っています。

小さな①。「悪小なれど、これをなすことなかれ。善小なれど、これをなさざることなかれ」。これは三国志の時代、蜀の初代の皇帝、劉備玄徳による三人の子供たちへの遺言です。どんなに小さいことでも勇気を出して行うことの教えです。電車やバスのなかで、老人に席を譲るなど、小さなことからでも始めることです。老人を見て席を譲るか、譲らないかと悩んでいる時間があったら、一歩踏み出して、すぐに譲れば良いのです。じっとしていては何も変わりません。また「ありがとう」「ごめんなさい」など小さなことでも口に出して言うことです。格好つけていては何も始まりません。心の強さ、勇気を持たないと、やはり「心」の成長はないのです。

小さな②。何かしたいと思ったら、まず調べてみる。これをするだけで、どんな小さなことでも景色が変わります。留学や勉強をしたい人は、どこで学べるか。地域のために貢献したい人は、市役所でも良いですし、インターネットで検索すれば簡単に調べられます。どこでも良い、一歩踏み出しましょう。まず外へ出よう。違う人、違う場所、今までと違う物事、読書、人と接することです。新しいたくさんの出会いにより、次々と景色は変わり、あなたは「心」に新しい風を感ずることでしょう。

一歩踏み出せば景色は変わります。何もしなければ永遠に変わりません。進歩も成長もずっとない。力を入れて身構えなくてもそっとでも良い少しでも良い、勇気を出して一歩前へ踏み出すことです。

これからの世界での日本のあり方は、世界の人々から敬愛され、手本となる日本人であるべく、我々一人ひとりができる範囲で一歩前へ、日々「心」の研鑽を重ねること以外にありません。老若男女問わず、自らの「動物の血」に負けることなく、「心」を鍛えていくことです。そうすれば、日本の将来に陽《ひ》は必ず昇るでしょう。

これまで同様、人間の生命が存在する限り、これから何十万年も「動物の血」は、消えることはないでしょう。だからこそ、人間は、「心」の鍛錬に励まなくてはならないのです。我々がジャングルの世界、動物の世界に戻らないようにするためにも。

私自身、数えきれない人々から多くを学び、読書で世界中の人々と会話をし、仕事で様々な経験をし、喜怒哀楽の感情を豊かにし、余命いくばくもないほど、何十年という年月を積み重ねても、「動物の血」は今も頭をもたげてきます。傲慢な自負心、格好よくしたいという虚栄心など、毎日が自戒の連続と言って良いのです。人間はなかなか神には近付くこともできないようです。

しかし、我々人間は死ぬ直前には純の美しい「心」、嘘をつかなかった、人を裏切らなかった、騙さなかったという美しい「心」で必ずや心安らかに目を閉じることを思い、願うものです。

私個人としても、少しでも「動物の血」を薄め、品性高い人間本来の美しい「心」へと研鑽を続けようと自らに約束し、仕事で知り合った数えきれない多くの世界中の人々、読書などで会話した世界中の人々に御礼を申し上げ、筆を置きます。

ありがとう。報謝。

二〇一六年七月

丹羽宇一郎

追記：この本が乱筆、アチコチ矢印いっぱいの原稿を整理して、こうした形で思ったより早くまとめることができたのは、ひとえに毎日新聞出版の山口敦雄さんの励ましと熱意によるものと御礼申し上げます。

参考資料・商売道の精神と倫理

（「滋賀大学名誉博士」称号授与記念講演録）

［講演日時］
二〇一〇年三月八日（月）／十六時〜十七時
滋賀大学経済学部講堂

＊この参考資料は、著者が、二〇一〇年三月八日に滋賀大学経済学部講堂において、「滋賀大学名誉博士」の称号を授与されたことを記念した講演の内容を収録したものです。

ただいまご紹介ありました丹羽でございます。称号授与式でも申し上げましたように、伊藤忠の創業者の伊藤忠兵衛は一八四二年に滋賀県で生まれまして、一九〇三年に亡くなりましたが、その忠兵衛の名代として、名誉博士号を授与いただいたことは、私だけでなく当社としても大変名誉なことと思っております。

さて、近江商人がなぜ、このように日本の経済の中でも大変に有名になったのかということですが、私は近江商人が、近江に本宅を構えたままで、広域の商いを開始したからだと思います。そして、それは社会的な基盤として、人の輪を軸とする基盤を持っていたからです。つまり、てんびん棒を担いで全国に出掛けることが可能になったのは、そういう社会的な基盤があったからだと思います。

もちろん、近江商人が活躍した江戸時代は鎖国の時代でありますが、江戸時代の中期から、地の利も伴って、多くの商人が生み出され、大きく発展することができたと思われます。城下町を中心に、商売の範囲がだんだん広がっていったわけですが、近代資本主義と言われるようなものになるには、会計、「店法」などにより経営が近代化される必要があります。こういうインフラが整っていかないと、やはり「近代」という言葉も付けにくいということがあります。

その近代資本主義が日本で始まったのは、明治に入ってからだろうと思います。その時期に近江商人の系統で最大の規模になったのは、伊藤忠という会社でございます。そういう意味でも、この忠兵衛の功績は非常に大きいわけです。

初代忠兵衛の家是・理念が、今も生きて継承されているということですが、これは近江の商人に共通に共有されてきた一つの精神でもありました。それは、近江商人の一人である中井家の家訓にも、そういうことが見られることからも明らかです。そして、それは、ある意味では、近代資本主義の精神であると私は考えています。理論的に言えば、近代商売道の精神と言うこともできるのではないかと思います。少し大げさかもしれませんが、この精神なくして日本の資本主義の発展とか、日本経済の発展はなかったのではないかとすら思うのです。

忠兵衛は一八七〇年代に「店法」として経営理念を表しましたが、まさにマックス・ウェーバーが『プロテスタンティズムの倫理と資本主義の精神』を公表したのが一九〇五年ですからその約三十年前に当たるわけであります。マックス・ウェーバーの言う資本主義の精神、あるいはプロテスタンティズムの倫理ではございませんが、倫理というものがすでに三十年前の日本の明治の初期に、近江商人を中心に存在していたということが確言できるのではないかと考えています。

さて、この近江の商売道の精神と倫理に関して、私が皆さん方と考えを共有したいと思うのは、昨今の日本だけではなくて、世界の経済や資本主義の状態を見たときに、この精神や倫理の欠落というものを嘆かざるを得ない状況に来ているからです。

もとより人間というものは、二〇〇万年以上にわたり「動物の血」が流れていまして、神々の論理、理性というのは、わずか五〇〇〇年に過ぎないということですから、決して、人間がいつも合理的に動く動物ではないということは、皆さん方もまず物事を判断するときに十分把握しておく必要があるだろうと思います。

しかし、これは、新古典派経済学の合理的期待形成論を私が批判しているということではありません。経済学という学問は、古典派経済学についても、アルフレッド・マーシャル以来の新古典派経済学についても、仮説を立てなければいけませんが、そこでは人間は合理的に行動するものだという前提がないと理論が成り立たないのです。

人間は、はちゃめちゃに動いているものだということであれば、従来の経済学は成り立たないわけですが、少なくとも、人間がいつも合理的に期待されたように動くものではないということも当然です。

二〇〇二年にダニエル・カーネマンというプリンストン大学の教授が、実験経済学と行動経済学分野での貢献でノーベル経済学賞を受けましたが、これは人間が、非合理的な動きをするものだということを言っているわけではなく、時として経済人としての合理性から離れることがあるという前提で新しい経済学を展開しています。しかし、人間がいつも合理的に動くわけでないからと言って、所詮経済学は当たらないとか、経済学は信用できないと言っているわけではないということも理解していただく必要があります。

さて、利益のうち私益、つまり、自分の利益の追求という利己と、他益の追求という利他の共存が人間でありまして、この点については、アダム・スミスも、先ほどのアルフレッド・マーシャルの新古典派から一〇〇年以上前になりますが、そういう非合理的な人間行動というものを指摘していたわけです。

そういう意味で、人間とは、いったい、如何なるものなのかということは、経済学においては重要なテーマですが、企業の経営者にとっても大変重要なテーマになります。

では、人間とはどういうものなのか。一言で答えられるわけではないと思いますが、一九一二年にノーベル生理学・医学賞をもらった、アレキシス・カレルという学者が、一九三五年に『人間　この未知なるもの』という本を出版しています。日本でも文庫本も出ておりますが、世界十七カ国で翻訳されております。

その本で、彼は、人間は世の中のすべてを自分と結び付けて考える、要するに、自己中心的に考える動物だと書いています。私もよく言っておりますが、知能・道徳も訓練を怠ると退化するものである、とも書いています。また、肉体には一日に三回栄養を与えているけれども、「心」に栄養を一日何回与えているだろうか、訓練しないと「心」も退化する、こういうことを言っているわけです。人間は学ぶものです。年を取ってきたから退化するというのは間違いだ。退化は老化が原因ではない、若者だって退化する、こういうことも言っております。

いずれにしても人間というものは、寒ければ暖房がほしい、暑ければ冷房がほしい、というように本能というものに従う大変に難しい動物なのです。やはり理性よりも動物の本能の方が先に出てくるということを、まず我々はあらゆることを考える点において、心すべきということです。

まず利己で自分の利益、次に利他で公共への利益です。しかしながら、自分の利益をいかにコントロールして抑えていくか、これがまさに慈悲であります。これがキリスト教、あるいは儒教にもつながってくるわけであります。従って、まず人間というのは、どんな動物なのかということを前提にして、我々は考えていく必要があるということです。

商売についても、金は卑しいものという考え方がありますし、「士農工商」という言葉もありました。商いは卑しいものと思い込んだ時代も、やはり、今から数百年前には当然のこととしてあったわけです。

これは、その一つの例ですが、新宿に中村屋があります。この会社は明治三七年、一九〇四年ですから、ちょうどマックス・ウェーバーの本が出た頃でありますが、クリームパンを日本で初めて商品化した会社です。そして、純印度式カリーとボルシチで、大変日本で有名になりましたが、その中村屋の創業者の相馬愛蔵さんという方の『私の小売商道』という本があります。それによりますと、「わが国では、昔から、うまくごまかして儲けることが商売であるくらいに思っていた」とあります。これは明治三十七年の頃の話です。「商売には人格とか道徳とか、全く無用なものと考えている人が少なくなかった。その結果は、他人も商人は卑しい者だと思い、商人もまた自らを卑しい者だと思うようになってしまった。立派な商品、正しい商売をやって行けば、決して卑しい者ではない」と彼は言っているわけであります。

このように商売をすることが卑しいものなのだという考え方がありましたが、それは数百年前の時代から言われてきています。中村屋さんの指摘だけではないのです。もちろん、商売、あるいはビジネスとしての商取引というものは、中国でも、あるいは大阪でも「儲かりまっか」というのが挨拶になるぐらい、当然、お金を儲けるということが前提です。会計や簿記が導入されてからの話とか、そういう時代の話ではなく、ずっと前から、中国でも、あるいはイスラエルでも、あるいはヨーロッパの諸国でも、言わば洋の東西を問わず、いろいろあったわけです。

しかし、この営利の精神が盛んだからと言って、近代の資本主義が自然発生的に生まれるというものではないということです。儲けるだけでよければ、ずっと前から資本主義は近代資本主義になっていたかもしれません。しかし、近代資本主義は、私が最初に申し上げたように、近江の商売道というものの根底に流れている精神によって生まれてきたのだと思います。

私がなぜそう言うかといえば、やはり、ただ単に儲ければいいということではなくて、そこにある倫理、あるいは徳目というものに注目していく必要があると思うからです。

そして、なぜ中国ではなくて近江なのか、しかも、なぜこの商売道の倫理、精神というものにより近代資本主義というものが発展してきたのか、というふうに考えてみる必要があります。地の利だけではないでしょう。なぜ近江なのか。なぜ大阪ではなく、なぜ中国ではなかったのか。中国では大変な勢いで商取引が行われていたわけであります。その理由を私はマックス・ウェーバーの『プロテスタンティズムの倫理と資本主義の精神』の中に見いだしたような気がいたします。

実際には、近江の商売は、この本では触れられていません。その時代の日本の資本主義、あるいは日本の経済においての情報はほとんどなかった、少なくとも不足していたからでしょう。この本が書かれたのは一九〇五年ですから、伊藤忠兵衛が亡くなった二年後です。その頃の日本の情報はほとんどなかったということは非常に残念なことであります。もし日本の近江商人の商売道というものを彼が目にしていれば、このマックス・ウェーバーの本が今のものとは変わったものになっていたのではないかと思うわけです。

マックス・ウェーバーは、比較宗教社会学的研究ということで、この本を出版したわけです。要するに、彼が出版した背景は、プロテスタンティズムの倫理の研究ということだけでなく、比較宗教社会学の研究がありました。

商取引というもの、あるいは「市」ないしマーケットというものは、日本では大化の改新が六四五年で、次に中央集権体制の「大宝律令」に代表される律令国家の時代がありましたが、それ以前から生まれているわけです。そして、日本でも欧米でも、マーケットが拡大してきています。これが資本主義の原点です。

しかしなぜ、それを近代資本主義と言わなかったかということです。そういう意味では、まだ近代資本主義は生まれていなかったのです。それは単なる商取引であり、単なる金儲けであり、金欲のためのものにすぎませんでした。近代的な、本質的な商売に対する倫理の規制はなく、極めて自由な取引が行われていました。自由裁量的に、どんどんお金を儲ける。あるいは、動物の本能的な競争というものがマーケットを突き動かしてきたわけですが、これは近代資本主義とは言えない、と彼は言っているわけです。なぜ、そんな中で欧米で近代の倫理が、近代資本主義の精神が勝ち残ってきたか、ということを比較宗教社会学的に彼は分析しているわけです。

もともとの端緒は何か。欧米において、そのようなことが起きた原点は、何と一五一七年のマルティン・ルターの宗教改革にあるわけです。一五一七年というと、日本で種子島に漂着したポルトガル船から鉄砲が伝来した年が一五四三年、上杉・武田の川中島の戦いが一五五三年から一五六四年と言われていますから、何とまだ五〇〇年弱前ですが、その頃の話です。

マルティン・ルターは、教会が財政のために、罪の償いが免除されるとして免罪符を販売したことを批判しました。教会が金儲けのために、罪を許すと言って大量に免罪符を出した。これに対する批判として、宗教改革が起きたわけです。

ここから、今までの権威を否定して、カトリックから分離したプロテスタントという動きが始まりました。そこでは、今までになく厳しい戒律を要求したわけです。その一つがカルヴァンのカルヴィニズムという改革派につながっていったわけです。

これは、今までの伝統的な宗教と違って、さらに厳しい戒律を追求するもので、一つの内的禁欲と言いますか、教会内の禁欲を教会外の禁欲にまで広げていったわけです。その流れとして、イギリス、あるいはアイルランド、オランダというようなところに、次々とピューリタニズムが広がっていったわけです。

従いまして、イギリスにおいては、市民革命は、非ピューリタニズムの伝統的な政権から権力を奪取するというかたちで始まったわけですが、この発端は、今申し上げたルターの宗教改革にあったと言えるかと思います。

しかし、最初は英国でも「ピューリタン」という言葉は、いろいろ揶揄《やゆ》され、「やかまし屋」とか、「偽善者」を表す象徴的な言葉として言われたこともあるぐらいでした。

伝統的な村祭りとか、ダンスとか、酒とか、こういうものを守ろうとする伝統主義者と、それに対して厳しい倫理を要求するピューリタニズムという対立が当時ありました。また、王政を守ろうとする立場と市民革命とかピューリタニズムを目指す立場に、その頃分かれたということがありました。

そして、そういう中でピューリタニズムというものが、勢いを得ながら、大商人の暴利を悪事として厳しく取り締まるようになってきました。まさに中産階級の勃興の時代でもありました。そして、中産階級の勃興する小ブルジョアジーが、最後は、ものすごく厳しく自分たちを取り締まるということになりました。

なぜか。普通であれば、お金をどんどん儲け、利益を拡大しようとするのが、今までの商人社会の人間ではないか。新しい仕事をして、金を儲けようと考えるのは当然の行為であるにもかかわらず、自らがそれを抑えようとする。そういう反資本主義的な行為に賛同していくという小ブルジョアジーの姿は一見奇妙に見えます。一生懸命お金を儲けようとしながら、一方において、ピューリタニズムで、その暴利に対して、あるいは資本というものに対して、猛烈に「心」の中で抵抗するということです。

そして、資本家と共に、働く人までもが禁欲を受け入れていったわけです。そういう動きがありました。だが、勤労と節約ということがこの禁欲というものの背景ではないのだということを言っています。つまり、楽をしたいとか、働かなくてもいいが賃金を得たいというのは労働者が当然考えることだ。しかしながら、そこで、そう思わない層が増えてきた、というのです。小ブルジョアジーにもかかわらず、金を儲けるのが天職だと思わないで、むしろ、それを抑えようという禁欲の方を逆に行動に表していったということがありましたが（いかにもかっこよく見えるわけですが）、そういうことで、この近代の資本主義が発展していったわけではないのだということをマックス・ウェーバーは言いました。

では、それは何か。仕事というのは天職だ。神が与えた天職だ。仕事を勤勉にやるということは、神に対して尽くすということだ。そして、儲けというものは、神に対して尽くしているということが、結果として、儲けるということにつながっていく、仕事をすればするほど神に対して仕えていることになる。我々は神から与えられた仕事をしているのだという考え方になっていったというのです。

これは、やはり宗教教育の結果として生まれた徳目である、身に付いた社会的信義となっていった、こう言っているわけです。

もちろん商売も、金儲けそのものが目的ではない。神の栄光と社会の人々のため（彼は隣人愛と言っていますが）社会の人々のために、神からの天職として仕事に励む。無駄な支出をしない、金が残る。これは、人々と天職のおかげなのだ。自分たちが勤勉で一生懸命働く、節約して金が残る。これは神から与えられた仕事を一生懸命やる、その証しなのだと考えるわけで、金を儲けるために働いているのではないという思いが非常に強くあったということです。

これは、救いの確信であり、そして、手許《てもと》で消費しないで、社会の人々のために使おうとした。つまり、公のための寄付の精神を持った。手許に残ったお金を寄付する、そしてこれを財団という形で使っていく。

こうした天職と寄付という考え、あるいは貪欲《どんよく》の抑制こそがマックス・ウェーバーの言う資本主義の精神の中核にあるものだと考えるのが妥当であり、これは後ほど申し上げる近江商人の哲学とお布施の考えにも通じるものです。

忠兵衛がよく言っております。「儲けるということは、もちろん大きな喜びでありますが、それを抑制しながら、儲けたものをお布施として社会的に寄付する」、まさにマックス・ウェーバーの言う天職の思想と寄付行為、そして、それが財団に結び付いていくということと極めて似ています。

しかし、なぜそのように自分の意志の力で考えるようになったのか。これについては、「エートス」という言葉で説明できるように思います。これは倫理以上に、人々の「血と肉」になっている社会的な精神でして、こういう風にやろうと考えてやるというよりも、こういう風に動いていくというものです。私に言わせると、宗教教育を受けたからそうなったのではなくて、小さいときからお父さんやお母さんの姿を見て、自然に血と肉になっていくということです。

こういう言行一致の姿勢というものは、まさに忠兵衛の姿勢ですが、近江の人々の姿勢にも非常に似ているということです。これはデータ的にもそういうことが言えるわけです。

二〇〇六年の数字によりますと、滋賀県は、人口千人当たりの仏教系のお寺の数は日本一です。非常に多い。仏教系だけでなく、全宗教の団体数も、人口千人当たりで見ますと、福井県に次いで第二位です。仏教系だけで見れば滋賀県は断トツの一位です。

つまり、それは、当時から浄土真宗が極めて多かったからでしょうが、これは忠兵衛が、社会全体やあるいは周辺の家族などが南無阿弥陀仏というものを唱えるのを聞き、それがそうとう小さいころから彼の血と肉になっていったからではないでしょうか。

ここから、私は、忠兵衛の行ったお布施は、少なくともマックス・ウェーバーの言う精神的な禁欲と抑制、残ったお金を寄付する、あるいは財団を作ることに極めて似かよっていると考えるわけです。

ピューリタニズムの精神・倫理というのは、まさに近江商人の商売道の精神と極めて似ています。そして、これはピューリタニズムの教育を受けたからということではなくて、まさに、お父さん、お母さん、あるいは周辺の方、隣人の姿を見て育った子供たちの血と肉になり、それが精神的な抑制となって輝いたからではないかと思います。

そして、エートスや精神が時代とともに薄れ、やがて失われていき、信仰も薄れて、金もうけが一人歩きを始めました。現在の資本主義社会に非常に近くなってきました。いつの間にか、この信仰、あるいは倫理というものが薄れ、金儲けというものが表に大きく出始めたということです。

今や、私の言葉で言うと、今の資本主義社会で、このマックス・ウェーバーの精神、あるいは近江商人の商売道の精神が亡霊のように、この世界をさまよっているのではないかとすら思います。

さて、初代忠兵衛が、近江商人に共有の精神を表現した「商売は菩薩の業、商売道の尊さは、売り買い何れをも益し、世の不足をうずめ、御仏の心にかなうもの」という言葉は、まさに今まで私が申し上げたようなことです。ここには謙虚と禁欲の精神があります。

日本ではしばしば「道」という言葉を使います。これは、「術」を極めるのに「心」を伴うことが必要だからです。武術であれば武道です。剣術であれば剣道になるでしょう。柔術は柔道になります。お茶は茶道になり、花は華道になり、そして、商売は商売道になる。

これはただ単なる術ではなく、「心」というものが伴う。商売道というのは単なる商売ではない、「心」をなくして商売はないということであります。従って、近江商人の精神では、まさに商売そのものが商売道の精神である、と私は言えると思います。

マックス・ウェーバーの著書の三十年前に、すでに忠兵衛は「店法」を確定し、利益三分主義の成文化ということで、純利益を本家納め、本店積立、店員配当の三つに分けるとしています。本家を株主と見れば、本家納めで株主を大事にする。本店の積立というのは会社であれば資本で、会社の利益に留保し、それを投資に回す。そして社員全員にも配当する。つまり、これは当然のことながら社員のボーナスということになるでしょう。そして、本家の利益については寄付で社会に還元する。

この経営理念の底流には、「義の心」、つまり仏教というものが、かなり根強く流れていたのではないかと思います。これはまさに、上から与えられたピューリタニズムの倫理とか宗教教育以上の力を持っていたのではないでしょうか。つまり、中世のピユーリタニズムというような宗教教育ではなく、それ以上に根深い儒教と仏教というものの影響が出ていたのではないかと思います。

小さい頃から近江の人というのは、孔子とか、あるいは孟子とか、荀子とかの教え、あるいは陽明学や儒教の影響を受けていたと同時に、やはり宗教、この地域であれば、特に親鸞を始めとする浄土真宗、そういう教えが大変に根強く伝わっていたことの影響も受けているのではないかと思います。

忠兵衛の「店法」、あるいは、会社の利益三分主義も考えてみれば、会計や簿記をベースにしておりますが、ヨーロッパにおいても、初めて会計というものが正式に株式会社の中で義務付けられたのはその数十年前です。第三者による会計監査というものが始まったのは、何とイギリスにおいても一八七九年なのです。忠兵衛が「店法」を決めたのが一八七二年です。そして、会計の簿記というものを一八九三年に忠兵衛が始めているわけです。イギリスなどと比べても時期的には、それほどの違いはありません。イギリスではヴィクトリア朝時代に初めて、現在の株式会社のような第三者による会計監査が義務付けられたということです。従って、近代日本の資本主義というものも、ほぼ時を同じくして始まっているということが言えるのではないかと思います。

話題を戻しますが、さっき申し上げた儒教というものは、すでに律令制前の五、六世紀頃に日本に入ってきます。そして、『論語』の精神というものが、家庭教育と言いますか、父母の教えとして、念仏とともに、宗教のように発展してきたのかなと思います。儒教の教えは、仁、義、礼、智、信、あるいは五倫です。この仁、義、礼、智、信と五倫というのは、君臣とか、夫婦、兄弟、あるいは父と子、あるいは古い友達との関係の教えです。

あるいは、九つの徳目というものがありますが、こういった孔子、孟子、荀子などの教えを、いちいち九つ挙げるとか、挙げないとかいうのではなくて、もう知らず知らずのうちに血となり、肉となって、近江商人の「心」に入ってきていたということが、私は近江商人の精神というものにつながってきているのだろうと思います。

先ほど寺院の数の話を申し上げましたが、私は、現在も、近江の方々の中には、まだ仏教とか、あるいは、倫理観というものが非常に強い方がおられるのではないかと思います。

さて、伊藤忠商事がずっと続けていることの一つはどこの国へ行っても、「清く、正しく、美しく」を経営理念にし、そこの国の人のため、社会のため、その国のために働く、ということです。私が海外に行くたびに、伊藤忠の従業員に聞いてみますが、「そんなことを商社がやっていて儲かるのか」という質問は中国人の従業員から一番多く聞かれます。私はそのたびに次のように言っています。「たとえ五〇〇億の利益が出るからと言っても、不正を働くのであるならやめてほしい。あるいは、うそをつかなければできないのであれば、やめなさい、絶対やってはいけない」。

五〇〇億の損失が出たとしても、商売で取り返すことは可能だけれども、いったん信用を失ったらそれを取り返すのには、何年もかかる。商売で損をしても取り返すことは可能で、それほど苦労にはならないが、社会の信用を失えば、その損失は五〇〇億では済まない。一〇〇〇億でも済まないし、いや四〇〇〇億でも済まないほど取り返すことは難しいものです。

従って、先般の自動車メーカーさんはリコール問題では、社会的な信用を失っていると私は思っています。ここで、もしうそをつけば、更に社会の信用を失うでしょうから絶対にうそはつかないと思います。うそをついた時の怖さはご存じのはずですから、絶対につくことはないと思います。しかしながら、もしうそをつけば、それは極端な場合には会社も潰しかねないということがあります。私が海外の支社で言っているのは、そういうことを考えているからです。

「清く、正しく、美しく」という、ばかみたいに見える言葉ですが、この簡単な言葉ほど実行が難しい言葉はないのです。難しい言葉は、みんなの頭の中に入りません。そんなことをいちいち覚えていられません。人間は、簡単な言葉しか覚え切れないのです。

簡単だが、実行は難しい言葉ですが、これさえやれば社会の信用を失うことはありません。ということで、私は、これはまさに忠兵衛の精神を継承する言葉であると思っています。私も意識的に忠兵衛の精神を継いだわけではありませんが、私も浄土真宗でありまして、仏教というものの影響を受けていますし、やはり、日頃のおじいちゃん、おばあちゃんの言動を見ていたことが影響していると思います。私は小さいころからよく、「仏様が見てござる」、「仏様が見ていて、おまえがどんなにうまくうそをついたって、絶対にばれるぞ」ということを嫌というほど言われてきました。そういう意味から言っても、近江の人々はおじいちゃん、おばあちゃん、あるいはお父さん、お母さんから、そういうことを小さいころから聞いているわけでして、それが血となり肉となっており、忠兵衛にもその教えが伝わっていたと私は思います。

忠兵衛の考えが当時の店員にも伝わり、店員に共有されていったわけですが、それがまさにマックス・ウェーバーの言う、労働者や小ブルジョアジーが、あの時代に当然のことのように、自らを批判して、そして近代資本主義の精神を語り続けてきたことに似ているように思います。

まさに彼の言う近代資本主義の精神とは、そういうものです。そして、要するに、近江商人は何かこういうものであるというより、さらに大きな底流に流れている縁として、共通のものがそこにあるということだと思います。

現代も、そういうマックス・ウェーバーに流れた精神や近江商人の精神が、形だけ、姿だけではなく、精神として残っており、今後、資本主義が永続するためには、宗教が何であれ、私は連綿として受け継がれてきた近江商人の精神が必要でもあると思っています。人間がいかに不可解な動物であろうとも、この精神は必ず人々の胸に刻まれ続けていくのではないかと思っていますし、商売道と共に、近江商人の精神と倫理が引き継がれて行くものと思います。

＊本書の著者印税は、伊藤忠兵衛関連の資料保全と中国から日本に来る私費留学生への奨学金として寄付されます。（編集部）

丹羽宇一郎（にわ　ういちろう）

1939年生まれ。伊藤忠商事名誉理事、前中華人民共和国特命全権大使。名古屋大学卒業後、伊藤忠商事に入社。98年に社長に就任。99年に約4000億円の不良資産一括処理を決断し、翌年度決算で同社史上最高益を記録。2004年に会長。10年６月に民間出身で初の中国大使に就任。12年に退官。著書に『人類と地球の大問題』『人を育てよ』『危機を突破する力』などがある。

心《こころ》
クリーン・オネスト・ビューティフル

印刷日　2016年７月15日
発行日　2016年７月30日
著者　丹《に》羽《わ》宇《う》一郎《いちろう》
発行人　黒川昭良
発行所　毎日新聞出版
〒102-0074
東京都千代田区九段南 1-6-17　千代田会館5F
営業本部・03（6265）6941
図書第二編集部・03（6265）6746

印刷　精文堂印刷
製本　大口製本
ISBN978-4-620-32394-7